사이토 히토리의
어떻게 살 것인가

일본 최고의 자수성가 억만장자가 깨달은 인생을 바꾸는 5가지 태도

사이토 히토리의
어떻게 살 것인가

사이토 히토리 지음
황미숙 옮김

自尊　習慣　因緣　成功　生死

현대
지성

하루를 마무리할 때면
나도 모르게 내 안에 질문이 떠오른다
"나, 지금 잘 살고 있는 걸까?"

"더 치열하게 살지 않아도 괜찮을까?"

"성공하지 못해도 이대로 괜찮을까?"

꼬리에 꼬리를 문 질문에 지칠 때면
이런 의문이 고개를 든다.

"내 인생의 행복은 도대체 어디에 있을까?"
"그런 게 정말로 존재하기는 하는 걸까?"

불황으로 모두가 흔들렸던 시기,
중학교만 졸업하고 맨손으로
막대한 부를 축적한 사이토 히토리는
여든을 바라보며 이렇게 회고한다.

"성공하려고 애쓴 적 없습니다.
감사하는 마음으로
기분 좋게 떠나보낸 돈이
친구들을 대거 이끌고
저에게 돌아왔을 뿐입니다."

더 많은 돈을 벌고
더 반짝이려고 애쓰지 말라.

그저 나를 귀하게 대접하고
세상과 부끄럽지 않게 승부하라.
나로 사는 인생의 지혜를 먼저 깨치라.

내가 바뀌면 세상이 바뀐다.

지쳐버린 현대인들에게
오래 남을 울림을 전해주는 책

사이토 히토리는 부자다. 더 정확히 말하면 일본에서 가장 많은 세금을, 그것도 가장 기꺼이 낸 사람이다. 그가 『사이토 히토리의 어떻게 살 것인가』에 담은 성공의 모습은 단순한 운이나 기술의 결과가 아니다. 오히려 감사, 겸손, 끈기와 같은 오래전부터 알려진 덕목을 삶 속에서 꾸준히 실천해온 태도의 산물이다.

히토리는 자신이 부자가 된 비결을 "감사하는 마음으로 기분 좋게 떠나보낸 돈이 친구들을 대거 이끌고 되돌아온 것입니다"라고 설명한다. 단순히 돈을 많이 버는 법을 가르치기보다 행복을 돈으로 전환할 수 있는 지혜의 말을 전해주는 것이다. 요즘같이 가난한 현자의 말보다 성공한 부자의 말에 더 귀를 기울이는 시대에 현명한 부자가 전해주는 지혜의 말은 귀하다. 같은 말이라도 자기 잇속만 차려서 성공한 사람이나 생이란 것을 직접 겪어보지 않은 인공지능이 말했다면 이토록 와닿지는 않았을 것이다.

자신의 경험을 버무린 이야기를 히토리는 자신만의 참신한 표현을 통해 맛깔나게 전해준다. "우리가 하는 말은 '신에게 보내는 주문서'와 같아서 그대로 이루어진다", "나 혼자서라도 하겠다는 애민의 각오로 살아가자", "힘든 상황은 신이 내미는 진급 시험이다" 등이 그것이다. 관점을 새롭게 바꿔주는 이런 표현들은 알아도 실천이 어려운 교훈을 각자의 생생한 동기부여로 자연스럽게 이어지도록 해준다.

"인생을 풍요롭게 사는 방법은 간단합니다. 지금도 충분히 풍족한 듯이 살면 됩니다"라는 그의 말은 행복이 돈의 많고 적음이 아니라 돈을 대하는 태도에 달려 있음을 시사한다. 행복을 뒤로 한 채 성공을 좇느라 지쳐버린 현대인들에게 한 사회에서 가장 성공한 어른이 건네는 지혜의 말은 오래 남을 울림을 전해줄 것이다.

— **엄성우** 서울대학교 윤리교육과 교수, 『어떻게 어른이 되는가』 저자

나를 소모하지 않는 인생을
만나게 해주는 책

지금 내 삶은 어떤 의미가 있을까? 열심히 최선을 다해 살았다고 믿었는데 어느 순간 뒤를 돌아보니 사실은 그렇지 않았다는 생각에 마음이 선득해진 적 있는가? 그저 시간과 감정을 소모하는 헛된 나날을 반복하고 있는 것은 아닐까 하는 생각이 들면 지금까지 살아온 인생조차 허망하게 느껴진다.

이처럼 삶을 대하는 태도가 흔들리면 인생도 통째로 흔들린다. 힘든 인생을 지치지 않고 끝까지 살아가기 위해서는 순간순간 소소한 행복을 자신에게 선물할 수 있어야 한다. 더 좋은 미래를 기대하며 오늘의 고통을 참아내는 삶은 진정으로 행복한 삶이라고 할 수 없다. 지금이 즐거워야 오늘도, 내일도, 모든 삶이 행복하고 즐

거운 것이다. 일본 최고의 자수성가 부자 사이토 히토리
는 이 책에서 그 사실을 명확하게 짚는다. 지금의 내가
느끼는 감정과 태도에 인생의 만족도가 달려 있으니 오
늘 즐거우면 인생 전체가 행복으로 물들 것이라고 말이
다. 더불어 행복을 위해 심오한 공부를 하거나 환경을
바꾸기 위해 애쓸 필요 없다고도 일러준다. 그저 나를
둘러싼 것들을 바라보는 시각만 바꾸어도 충분하다고
말한다.

이 책을 읽으며 내게 일어나는 모든 일을 행복으로 바
꾸는 방법을 새롭게 알게 되었다. 나는 무언가를 위해서
오늘을 유예하기 위해서가 아니라, 지금 이 순간을 있는
힘껏 즐기기 위해서 태어났다. 나는 나 자신과 즐겁게
놀기 위해서 태어났다. 독자 여러분도 이 책의 가르침을
각자의 방식대로 실천한다면 작지만 반짝이는 소중한
행복을 손에 넣을 수 있을 것이다.

— **김종원** 작가, 『철학이 삶의 언어가 될 때』 저자

이 세계를 움직이는 열쇠는
나에게 있다

20년 전쯤만 해도 일본에서는 매년 누가 세금을 많이 냈는지 순위를 매겨 발표했습니다. 당연하지만 세금을 많이 낼수록 그 해에 돈을 많이 벌었다는 의미였지요. 저는 납세 순위에서 10년 넘게 10위 안에 이름을 올렸는데 몇 번은 1위를 한 해도 있었습니다. 지금도 그렇지만 주식이나 부동산 투자를 일절 하지 않고 오로지 일해서 번 소득만으로 이룬 자산이었습니다. 그러다 보니 주변에서는 어떻게 하면 그렇게 부자가 될 수 있냐는 질문을 곧잘 던지더군요. 처음에는 강연을 열어 이런저런 질문에 답을 했는데, 그것을 하나둘 모으다 보니 적지 않은 책을 내기에 이르렀습니다. 그래서 세간에서는 저를 작가라고 부르기도 하는데 저는 그렇게 생각하지 않습니다. 그저 제가 살아오면서 배운 지혜를 나누려다 보니 어쩌다 책을 많이 쓴 사람이 된 것뿐이지요.

여러분이 돈을 벌거나 모으는 대단한 기술을 생각하고 이 책을 펼쳤다면 실망할지도 모릅니다. 이 책에 그런 내용은 조금도 담겨 있지 않기 때문입니다. 제 생각에 사업하는 법이나 투자하는 법, 돈을 모으는 기술 같은 것은 모두 부차적인 것입니다. 이런 지식이나 기술을 알아도 세상 일이 내 마음처럼 풀리지 않으면 아무것도 모르는 것과 별 차이가 없기 때문입니다. 기껏 공들여 돈을 열심히 벌어도 갑자기 문제가 일어나서 큰돈이 빠져나간다면 결과는 같을 테니까요. 저는 그보다 더 근본적 이야기를 하려 합니다. 바로 세상 일이 내 마음처럼 일어나게 만드는 방법 말입니다. 일이 잘 풀리는 법은 생각보다 쉬운데 가만히 보면 사람들은 그 방법을 잘 모르고 엉뚱한 곳에서 헤맬 때가 많은 것 같습니다.

이쯤에서 한 가지 질문을 던져보겠습니다. 여러분은 왜 돈을 벌고 싶은가요?

굶주리고 싶지 않아서, 나이 들어서 외로워질까 봐, 돈이 많으면 원하는 것은 무엇이든 얻을 수 있으니까 같은 생각을 할 것입니다. 하지만 모든 대답을 깊이 파고들면 오로지 하나의 답이 남습니다. 바로 '행복해지고 싶어서'라는 것이지요.

인생은 결국 행복의 문제입니다. 행복하면 어떤 모습을 하고 있든 어떤 인생을 살고 있든 만족스럽지만, 그렇지 못한 사람은 끊임없이 행복을 좇느라 부산하고 불안합니다. 더 아름다워지고 싶어 하고 많은 재산을 쌓으려 하며, 더 인기를 얻고 싶어 합니다. 각자 추구하는 것은 달라 보여도 결국 모든 것의 이유는 행복입니다.

그렇다면 행복이란 과연 무엇일까요? 단순하게 이야기하면 살아가고 있는 지금이 즐거운 상태라고 할 수 있습니다. 크게 부족함을 느끼지 못하거나 충족감을 느끼는 상태라고 할까요. 조금 더 구체적으로 말하면 고민이나 문제가 생겨도 금세 해결할 수 있는 상태입니다. 하지만 이 단순한 일이 얼마나 쉽지 않은지 모두가 경험해 보았을 것입니다. 아무것도 아닌 일이라고 생각하면서 마음에서 떨쳐버리려고 해도 좀처럼 떠나가지 않는 문

젯거리나 우환은 어찌 그리 많은지요.

안고 있는 고민이 어떤 것이든 나에게서 떠나보내려면 스스로 변화하는 수밖에 없습니다. 자신은 그대로인 채 내 주변의 것들만 바꾸는 일은 불가능할뿐더러 오히려 자신의 고통만 더 깊어질 뿐입니다. 세상을 바꾸는 일은 공자나 석가, 예수, 마호메트가 살아 돌아와도 할 수 없습니다. 살다 보면 그런 일이 가능하다고 이야기하는 사람을 종종 만나지만 설령 효과가 있다고 해도 일시적일 뿐 문제를 근본적으로 해결해주지는 않을 겁니다.

이 세상에서 쉽게 바꿀 수 있는 것은 오로지 자신의 생각과 행동뿐입니다. 하지만 신기하게도 나 자신이 바뀌면 주위의 사람도, 내게 일어나는 일도 하나부터 열까지 모두 바뀝니다. 즉, 내가 속한 이 세계를 움직이는 열쇠는 나에게 있다는 뜻입니다. 그렇다면 결론은 간단하지요. 먼저 우리 안에 있는 행복의 열쇠를 발견해서 스스로 즐거워진 다음, 우리 주위의 세계를 더 큰 기쁨으로 채우는 것입니다.

허황된 이야기처럼 들리나요? 하지만 실천은 생각보다 간단합니다. 마음만 먹으면 하루아침에 달라질 수 있지요. 자기 자신을 사랑하고 일상의 작은 습관부터 하나씩 고쳐나가며 주위의 사람들에게 감사하는 방법을 안다면 말입니다. 세상과 부끄럽지 않게 승부하고 삶과 죽음의 이치까지 깨닫고 살아간다면 더할 나위 없겠지요. 이렇게 행복을 손에 넣으면 인생이 정돈되고 두 번 다시 불행해지는 일 없이 평생 즐거움을 느낄 수 있을 것입니다.

이 책에서 한번 깨달으면 영원히 행복을 유지할 수 있는 비법을 전하고자 합니다. 행복은 나에게서 출발하지만 혼자 힘으로는 완성하기 힘들기 때문에, 우리에게 도움을 주는 보이지 않는 세계에 대한 이야기도 나올 것입니다. 도중에 '신'이라는 표현이 자주 등장할 텐데 이는 우리가 사는 세상을 만든 커다란 힘을 의미하는 말이며 특정 종교와는 무관하다는 점을 미리 밝혀둡니다. 처음에는 이상하게 느껴질 수 있겠지만 읽다 보면 절로 고개를 끄덕이게 될 것입니다. 부디 이 책을 통해 여러분도 인생이 선물하는 진정한 행복을 느낄 수 있기를 바랍니다.

1장
자존

내가 존재하는 이유는
반드시 있다

2장
습관
사소한 태도가 행운과 불운을 가른다

3장
인연

모든 관계에는
적당한 거리가 있다

4장
성공

즐거움을 따라가면
돈은 저절로 찾아온다

내가 존재하는 이유는 반드시 있다

自習因成生
尊慣緣功死

당신은 생각보다
더 굉장하다

모든 사람에게는 '나는 이 세상에 필요한 존재'라고 생각하는 자기 존중감이 반드시 필요합니다. 쉽게 말하면 '나는 굉장해'라고 느끼는 감각인데 이것이 없으면 불운에 무척 취약합니다. 별것도 아닌 일에 쉽게 상처받고 마음이 꺾여버리고 말지요. 반대로 자신이 굉장하다고 생각하는 사람은 웬만한 풍파도 너끈히 넘길 만큼 아주 강력하답니다. 어떤 고난과 시련이 닥쳐도 결코 쓰러지는 법이 없습니다. 이런 사람들은 애초에 마음이 지치는 일 자체가 드물거든요.

실패를 딛고 일어서는 힘을 길러주기에 자기 존중감

이 그렇게 중요한 걸까요? 물론 그렇기도 하지만 그보다 더 큰 이유는 우리의 존재는 애초에 유일무이하기 때문입니다. 생명, 즉 '영혼'은 우주를 창조한 신이 나누어 준 것입니다. 다시 말해서 인간의 본질은 세상을 만든 힘 그 자체이므로 우리는 신만큼이나 위대한 존재라는 의미이지요. 그런데 '나 같은 게 뭐라고. 어차피 난 안 될 거야'라고 자기 자신을 부정하면 자아상과 본래의 모습 사이에 큰 거리감이 생겨버립니다.

영혼은 이렇게 괴리된 상태를 싫어해서 자신의 진짜 모습으로 돌아가려고 합니다. 문제는 진정한 자신을 찾고 싶다는 영혼의 호소가 우리의 마음에 직접적인 울림을 주지 못한다는 점입니다. 남들에게 무시당하거나 존중받지 못한 경험이 마음에 두꺼운 때처럼 쌓여 있기 때문입니다. 분노와 괴로움, 슬픔, 억울함까지 스스로도 어찌할 수 없는 감정들이 켜켜이 쌓여 마음에 들러붙어 있지요. 이런 더러움이 영혼의 목소리를 듣지 못하게 방해합니다. 그래서 곧잘 '남들에게 칭찬받고 싶다', '모두에게 인정받고 싶다'처럼 내 안의 진짜 목소리와 어긋난 방법으로 자기 자신의 존재 가치를 실감하려는 우를 범

합니다.

그 모습은 우리 모두가 잘 알고 있습니다. 자신을 억누르고 다른 사람들에게 비굴하게 굴거나 속마음을 숨기고 우등생을 연기하는 것입니다. 혹은 상대방을 자신보다 아래로 내려다보면서 자신이 더 낫다고, 더 가치 있는 사람이라고 생각하며 남들을 얕보기도 합니다. 다른 사람보다 우위에 서려고 하는 사람은 언뜻 자신감이 넘치고 강해 보이지만 자세히 살펴보면 자기 존중감이 약해서 마음이 너덜너덜한 상태입니다. 사실 남과 비교하며 자신의 우월한 점을 과시하는 행동은 필사적으로 도와달라고 호소하는 영혼의 구조 신호에 가깝습니다.

그러니 억지로 꾸며내려 하지 말고 당신의 본래 모습을 있는 그대로 보여주세요. 우리는 모두가 본디 굉장한 존재입니다. 지레짐작으로 남들에게 미움을 받을까 봐 걱정할 필요도, 일부러 다른 사람이 좋아할 만한 행동을 하면서 자신의 가치를 확인하려고 할 필요도 없습니다. 모든 사람은 이 세계에서 유일한 존재이며 단 한 사람이라도 없다면 이 세상의 조화는 깨지고 맙니다. 이 세계에 없어도 되는 사람은 단 한 명도 없습니다.

이 사실을 깨닫고 잃어버린 자기 자신을 되찾는다면 눈 앞에 펼쳐지는 세계는 놀랄 정도로 밝아집니다. 내가 아닌 다른 것을 바꾸려고 애쓰지 말고 먼저 나를 존중해주세요. 그러면 당신이라는 신이 지닌 무한한 가능성이 시작될 것입니다.

Question ✻ 나 자신이 대단하다고 느끼는 순간은 언제였나요?

주제넘게
스스로를 칭찬하라

스스로 '나는 정말 굉장해' 하고 생각하려면 우선 자기 자신을 사랑해야 합니다. 다만 오랫동안 스스로를 부정해온 사람은 어떻게 해야 자신을 사랑할 수 있는지 잘 모를 수밖에 없습니다. 너무 어렵게 생각하지 마세요. 그저 철저하게 자기 자신을 칭찬하면 됩니다.

사회에서는 자신을 낮추는 것이 미덕처럼 여겨집니다. 겸손하게 행동하려면 자신을 낮추어야 한다고 생각하지요. 그래서 대부분이 스스로를 칭찬하는 일에 매우 인색합니다. 억지로 칭찬하려고 하면 거만하게 행동하는 것처럼 느껴서 오히려 마음이 불편해지는 사람도 많지요. 그럴 때는 나 자신을 친한 친구라고 생각해보세요. 누구든 소중한 상대에게는 좋은 말만 해주고 싶고 잘한 점이 있다면 아주 작은 것이라도 칭찬해주고 싶을 것입니다. 바로 그런 감각으로 자기 자신을 칭찬해보세요. 아무리 사소한 일이라도 좋습니다.

'사실 그렇게 대단한 것도 아닌데 나를 칭찬하는 건 주제넘은 짓 아닐까?' 아마 처음에는 마음속에 자기 부정의 마음이 남아 있을 것입니다. 그래도 괜찮습니다. 마음이 따르지 않더라도 우선은 입 밖으로 말해보세요. 그저 나 자신을 칭찬하고 또 칭찬하세요. '오늘도 일하러 가는 나, 정말 대단해!', '나는 웃는 모습이 귀여운 것 같아'처럼 매사에 스스로 칭찬하다 보면 마음의 때가 저절로 벗겨져나갈 것입니다. 그리고 그 빈 공간에는 자기 존중감이라는 마음이 점점 채워질 것입니다.

스스로 칭찬하는 법을 몰라서 다른 사람에게 칭찬받으려고 하면 언제나 수동적으로 인정을 갈구하게 됩니다. 무슨 일을 해도 늘 남의 눈치를 볼 수밖에 없지요. 마음이 불편한 것도 당연합니다. 반면 아주 사소해 보여도 나 자신의 장점을 찾아내서 좋아하고 칭찬해주면 언제 어디서든 필요한 순간에 힘을 얻을 수 있습니다. 게다가 우리 영혼은 다른 누구도 아닌 우리 자신의 칭찬을 가장 크게 원합니다. 남들이 아무리 좋은 말을 해주어도 내가 나를 인정해주지 않으면 아무 소용없습니다. 따라서 스스로를 칭찬하면 남들이 뭐라고 하든 영혼이 느끼는 기쁨도 두 배, 세 배가 됩니다.

계속해서 나의 좋은 점을 칭찬하다 보면 칭찬하는 자신도, 칭찬을 받는 자신도 모두 마음에 들기 때문에 자연스럽게 자기 자신을 사랑하게 됩니다. 더는 다른 사람의 평가를 통해 나 자신의 쓸모를 찾거나 가치를 높이려고 아등바등 할 필요가 없습니다. 자기 존중감이 높아지면 늘 조급하던 마음이 편안해지고 자신감도 끓어오를 것입니다. 그런 사람은 실패나 좌절로 잠깐 풀이 죽더라도 금세 '그래도 나는 역시 대단해'라며 무릎을 털고 다시 일어설 수 있습니다.

Question ＊ 지금 나의 어떤 부분이 마음에 드나요?

성공의 사다리를
올라가는 방법

우리가 이 세상에 태어나 가장 먼저 해야 할 일은 나 자신을 행복하게 만드는 것입니다. 나머지는 모두 부차적인 일입니다. 그러므로 나 자신을 제쳐두고 다른 사람의 행복만 생각해서는 안 됩니다. 게다가 내가 행복하지 않으면 다른 사람을 행복하게 만드는 일은 더더욱 어렵습니다.

'기쁨은 나누면 배가 된다'라는 말을 흔히 합니다. 이 말은 그저 듣기 좋으라고 하는 말이 아니라 수많은 사람들을 통해 경험으로 입증된 사실입니다. 사람은 스스로 사랑을 경험하고 그 감정이 조금씩 마음에 축적되다가 이윽고 넘쳐흐를 정도로 커졌을 때 비로소 다른 누군가의 행복을 바랄 수 있습니다. 사랑이 넘쳐흐르는 상태이니 '갚을 필요는 없어요' 하며 기쁘게 베풀 수 있지요. 앞날을 생각해서 행한 일이 아니므로 보답을 바라는 마음을 품지도 않게 됩니다.

이 점을 명심하세요. 다른 사람을 도울 때는 언제나 '보답을 바라지 않는 사랑'으로 임해야만 합니다. 그렇지 않으면 나중에 자신이 준 만큼 돌려받지 못했다며 서운해하거나 다른 사람이 자신에게 관심을 주지 않는다고 여겨 불행해질 수밖에 없습니다. 그렇기 때문에 남을 돕기에 앞서 철저하게 자기 자신을 사랑하고 소중히 여겨야 하는 것입니다. 모두를 위해서 나만 참으면 된다는 생각으로 자신을 눌러왔다면 그 생각을 근본부터 바꾸어야 합니다. 자기 자신을 최우선으로 여기고 스스로를 칭찬하면서 가장 소중한 자신부터 넘치게 채워주세요.

혹시라도 '나 같은 건 도무지 괜찮은 구석이 없어' 하는 생각이 든다면 시작부터 잘못된 것입니다. 사람들은 흔히 어떤 일을 완벽하게 해내야만 칭찬할 수 있다고 착각하는데 이 세상 어디에도 그런 사람은 존재하지 않습

사이토 히토리의 어떻게 살 것인가

니다. 무리해서 훌륭해질 필요도 없어요. 신이 인간에게 바라는 것은 결코 완벽이 아니기 때문입니다.

우리가 살아가며 이루어야 할 과업은 나의 개성을 갈고닦아 매력으로 바꾸고 그 매력을 이용해 무럭무럭 성장해 행복해지는 것뿐입니다. 그것이 신이 우리에게 부여한 사명입니다. 미숙해도 괜찮으니 자신에게 없는 것을 굳이 찾으려 하지 마세요. 당신이 가지고 있는 것을 갈고닦아서 그것으로 승부를 보면 됩니다.

지금의 자신을 부정하고 더 훌륭하고 멋진 다른 존재가 되려고 발버둥 쳐도 생각대로 되지는 않을 것입니다. 오히려 지금보다 상황이 더 악화될 수도 있어요. 너무 어려운 일, 맞지 않는 일을 하면서 위로 올라가려고 억지를 쓰면 지친 나머지 결국 '나는 아무리 노력해도 도무지 일이 풀리지 않아. 나는 뭘 해도 안 되는 사람이야'와 같은 생각을 하면서 포기하게 됩니다.

자신을 향해 '지금 모습 그대로도 괜찮아'라고 말해보세요. 그러면 갑자기 어깨의 짐을 내려놓은 듯이 마음이 가벼워질 것입니다. '지금 이대로도 괜찮아, 너무 애쓰지 않아도 돼.' 이렇게 생각하면 오히려 '그럼 이 모습

그대로 조금만 더 앞으로 나아가볼까' 하는 마음이 생깁니다. 이렇게 반복하다 보면 어느새 꽤나 높은 곳에 올라와 있는 나를 깨달을 거예요. 이것이 위로 올라가는 올바른 방법입니다.

> Question ✳ 나의 못난 점을 가혹하게 비난하고 있지는 않나요?

누군가를 미워하는
나부터 용서하라

───────── 인간은 컴퓨터나 로봇과 달리 감정을 느끼고 감성이 풍부합니다. 이런 점은 긍정적으로 작용할 때도 많지만 미움이나 원한처럼 나쁜 쪽으로 향할 때도 많습니다. 문제는 부정적인 감정이 한번 생겨나면 우리를 끝없이 괴롭힌다는 점입니다. 어두운 감정은 크면 클수록, 즉 누군가를 미워하면 미워할수록 점점 더 자신을 괴롭게 합니다. 내 마음에 독초의 씨앗을 뿌리는 일과 비슷합니다. 일단 자리를 잡으면 싹을 틔우고 자라서 커다란 나무가 되어 꽃을 피우고 더 많은 씨앗을 만들어 멀리까지 퍼져갑니다. 이와 같은 일을 반복하다 보면 아이러니

하게도 나의 괴로움만 크고 깊어질 뿐입니다.

그러니 누군가의 행동에 화가 날 때는 한시라도 빨리 생각을 정화해서 상대를 용서해야 합니다. 그 사람을 위해서가 아니라 바로 나를 위해서 말입니다.

단순히 마음이나 기분 때문이 아닙니다. 미국의 어느 연구에 따르면 다른 사람을 미워하고 상대의 불행을 바라는 사람은 몸에 스트레스 물질이 늘어나서 면역력이 떨어지고, 인지 기능에 문제가 생겼다고 합니다. 분노와 적대감을 느끼면 심장병에 걸릴 위험이 크게 올라간다는 연구도 있지요. 미움과 원한을 품으면 자신에게 그대로 돌아온다는 옛말이 과학적으로 증명된 셈입니다. 그에 반해 상대방의 안녕을 바라는 사람은 행복감을 얻을 수 있는 물질이 늘어났다고 합니다. 다른 사람에게 도움을 주면서 느끼는 행복을 '헬퍼스 하이Helper's High'라고 부르기도 합니다.

물론 때로는 용서하기 힘든 상대도 있습니다. 나에게 엄청나게 나쁜 짓을 한 사람이라면 그 감정을 끊어내기가 쉽지 않으니까요. 게다가 어떤 감정을 느끼면 안 된다고 부정하면 오히려 반발하여 미움이 더 커지는 법입니다. "코끼리는 생각하지 마"라고 말하면 오히려 코끼리를 생각할 수밖에 없다고 하지요. 우리 마음도 마찬가지입니다. 도저히 상대를 용서할 수 없을 것 같으면 그 마음은 그대로 두어도 괜찮습니다. 우선은 남을 미워하는 자기 자신부터 용서하세요. 누군가를 미워하면 필연적으로 그런 자신도 미워하게 되거든요. 따라서 미워해서는 안 된다고 강박적으로 생각하는 대신 이런 모습이어도 괜찮다고 받아들이면 완고했던 마음도 점차 풀어집니다. 적극적으로 노력하지 않아도 미움이나 원한에 휘둘리지 않게 되지요.

'그 사람만은 절대 용서 못 해'라는 마음 깊은 곳에는 상대방이 아니라 자기 자신을 용서하지 못하는 마음이 숨어 있을 때가 많습니다. 그러니 우선은 자신의 모든 것을 있는 그대로 용서하고 받아들이는 것이 중요합니다. 다른 사람을 미워하는 나, 다른 사람과 잘 어울리지 못하는 어두운 나를 받아들이지 못하는 데에는 여러 가지 사정이 있겠지만 전부 이해하고 용서하려고 노력해보세요. 어떤 모습의 나라도 신만큼 가치 있는 존재라고 말입니다.

물론 무엇이든 단번에 바뀌는 일은 없습니다. 처음에는 시간이 걸릴 것입니다. 하지만 '지금 모습도 괜찮아', '어떤 모습이든 다 용서할 거야'라고 스스로 토닥여주면 불완전한 자신이라도 괜찮다고 여기게 됩니다. 그러고 나면 비로소 다른 사람의 잘못도 자연스럽게 용서할 수 있게 됩니다.

우리 자신도 불완전한 인간이니 상대방에게도 미숙한 점이 있는 것은 당연합니다. 상대가 한 짓에 얽매여 마음을 뺏기지 말고 자신을 가장 소중히 여기면서 즐거운 길로 나아가세요. 주변 사람들의 말과 행동 하나하나에 휘둘리지 않고 긍정적인 하루하루를 쌓아갈 수 있을 것입니다.

Question ✳ 누구를 가장 용서하고 싶은가요?

결점을 연마하면
개성이 된다

사람은 누구나 결점이 있습니다. 흔히 콤플렉스라고 하지요. 대부분의 사람은 이 문제를 내보이기가 두렵고 부끄러워서 어떻게든 해결하고 싶어 합니다. 하지만 결점을 없애면 가장 큰 장점도 사라져버리는 것이 이치입니다. 모순적으로 들릴 수도 있지만 우리가 싫어하는 결점은 신에게서 받은 가장 큰 선물이며 그 이상의 장점은 존재하지 않습니다.

본디 사람에게 결점이란 없습니다. 장점과 결점처럼 보이는 '개성'이 있을 뿐이지요. 개성이란 갈고닦으면 강력한 매력으로 바뀌는 다이아몬드의 원석과 같습니다. 다이아몬드는 원석 상태에서는 별다를 바 없는 평범한 돌처럼 보이지만 잘 가공하면 그 어떤 보석보다 찬란한 빛을 내며 반짝이지요.

생각하기에 따라 결점과 개성은 종이 한 장 차이입니다. 성급한 사람을 두고 한 가지 일을 끈기 있게 해내지 못한다고 평가하지만 한편으로는 누구보다 행동이 빨라서 다양한 일을 시도하는 진취적인 사람으로 볼 수도 있습니다. 실제로 단기간에 성공하는 사람 중에는 성격이 급한 사람이 많습니다. 반대로 둔한 사람은 행동이 굼뜨고 답답하다고 여겨지지만 한편으로는 무슨 일이든 신중해서 주변 사람들의 두터운 신뢰를 얻곤 하지요. 평소 화를 잘 내는 사람도 마찬가지입니다. 자신이 하는 일에 열정적이기 때문에 많은 사람을 모으는 재주가 탁월합니다. 몸이 약해서 일상의 제약이 있는 사람은 그만큼 다른 사람들의 고통을 잘 이해하고 공감할 수 있을 것입니다.

이처럼 아무리 심각한 결점이라도 조금만 뒤집어서 생각하면 누구보다 굉장한 장점으로 탈바꿈합니다. 그래서 '나는 결점밖에 없고 정말 엉망진창이야'라고 생각하는 사람일수록 오히려 더 크게 성장할 여지가 충분합니다. 헤아릴 수 없을 만큼 많은 가능성이 아직 발현되지 않았다는 뜻이니 '나는 안 돼' 하며 불평하고 있을 때가 아닙니다. 그럴 시간에 자신이 지닌 개성을 찾아서 누구보다 빛날 수 있도록 연마해보세요. 생각지도 못한 매력이 폭발하며 눈 깜짝할 사이에 인생이 달라질 테니까요.

Question ✳ 나의 결점을 어떻게 개성으로 바꿀 수 있을까요?

✳

명소를 찾지 말고
스스로 명소가 되라

하늘의 별은 24시간 내내 우리 머리 위에서 빛을 발하고 있습니다. 그런데 우리는 그 작고 반짝이는 빛을 밤에만 볼 수 있습니다. 태양이 너무 밝아서 낮에는 상대적으로 미약한 별빛이 가려지기 때문입니다. 반대로 말하면 새카만 어둠 덕분에 별은 희미한 빛으로도 반짝반짝 빛나는 것처럼 보이는 것이지요.

강한 빛을 내뿜는 한낮의 태양처럼 재미있는 사람이 곁에 있으면 누구나 즐거워합니다. 그 에너지에 매료되어 즐거움을 느끼고 곧잘 미소 짓습니다. 만약 주위에 침울한 사람밖에 없다면 어떻게 해야 할까요? 똑같이 시무룩해져 있을 수밖에 없을까요? 별이 '주변이 어두우니까 나도 빛을 내지 말자. 밝을 때 빛나면 돼'라고 생각한다면 우리는 밤하늘의 별빛을 볼 수 없었을 것입니다.

주변 사람들의 분위기가 암울하면 견디기 힘들다고 생각할 수도 있지만 오히려 그때가 기회입니다. 태양만큼 빛나지 않아도 당신의 빛을 내보일 수 있으니까요. 어두운 분위기 속에서도 당신이 밝게 웃으면 주위에 있는 모두의 마음에 따뜻한 등불이 켜질 것입니다. 밤하늘의 별처럼 멋지게 빛나겠지요. "당신 덕분에 회사 분위기가 밝아졌습니다", "우울할 때 당신의 미소를 보면 힘이 나요"와 같은 이야기를 들을 것입니다.

언제나 밝게 웃는 사람은 태양과 같은 존재입니다. 처음에는 '나는 절대로 그런 사람이 되지 못할 거야' 하고 생각할 수도 있지만, 어두운 밤하늘을 밝히는 별처럼 조금씩 웃다 보면 어느새 당신 자신이 강렬한 빛을 발하는 태양이 되어 있을 것입니다. 그러면 당신이 가는 곳마다 햇빛이 비치면서 환해지겠지요. 당신이 머물기만 해도 사람들은 기뻐하고 모두 당신을 다시 만나고 싶어 할 것입니다.

전 세계의 명소라고 불리는 곳에는 많은 사람이 모여듭니다. 그것을 관광觀光이라고 하는데 한자의 뜻 그대로 풀이하면 '빛을 본다'라는 의미입니다. 빛나는 무언가가 있어서 많은 사람이 모이는 곳이 바로 명소인 것이지요. 그러니 스스로 태양이 되세요. 아무리 강한 어둠도 태양의 빛은 이기지 못합니다.

"저기가 굉장히 멋있다", "여기 에너지가 좋다"라며 관광명소를 여기저기 찾아다니는 사람이 많습니다. 물론 그런 여행도 재미있지만 인생을 다채롭게 만드는 가장 쉽고 효과적인 방법은 스스로 사람들이 찾아오는 명소가 되는 것입니다. 부정적인 말을 쏟아내면서 자신의 기분을 정화하는 이른바 에너지 뱀파이어도 태양 빛을 쐬면 살아남지 못할 것입니다.

사람은 본능적으로 밝은 것을 좋아하고 어두운 것을 싫어합니다. 비단 장소나 물건에 국한된 이야기가 아닙니다. 그래서 밝은 사람 곁에는 사람이 모이기 마련입니다. 어둠 속에서 빛난다면 더욱 아름답게 보일 것이고 그 빛은 멀리까지 퍼져서 모두가 당신을 만나고 싶어 할 것입니다. 나아가 당신 혼자만이 아니라 당신을 찾아오는 사람들도 기뻐할 것이고 그 즐거움은 그 규모를 키워 오래도록 지속될 것입니다.

Question * 인생이 암울할 때 무엇이 나를 웃게 하나요?

무슨 일을 해도
잘 풀리는 사람의 비밀

──── 진정한 행복이란 무엇일까요? 저는 어떤 상황에서든 '나는 행복하다'라고 생각하면서 흔들리지 않는 것이라고 생각합니다. 사람들은 흔히 '좋은 일이 있으면 행복하다', '안 좋은 일이 있으면 불행하다'처럼 행복을 어떤 일에 뒤따르는 반응이라고 생각하는데, 그러면 어떤 일이 일어나느냐에 따라 우리가 느끼는 행복도 완전히 달라집니다. 작은 일에 일희일비하게 되는 것이지요. 이럴 땐 좋고 저럴 땐 좋지 않은 것을 진정한 행복이라고 할 수 있을까요? 그러지 말고 '나는 행복한 사람'이라고 처음부터 정해버리면 어떤 일이 생겨도 행복할 수

있습니다.

인생이 흥미진진하고 재미있는 까닭은 온갖 일이 일어나기 때문입니다. 생각지도 못한 일이 벌어지기 때문에 두근거리고 스릴이 넘치고 재미도 있는 것이지요. 안 좋은 일은 피하고 싶어 하는 사람도 많지만, 오히려 우리는 곤란한 일을 겪으면서 고민과 실패를 거듭하고 많은 것을 배우며 단단해져갑니다. 힘든 일을 충분히 경험하지 않은 사람에게서는 깊이를 느끼기가 어렵습니다. 게다가 문제를 해결했을 때의 성취감이나 기쁨은 평탄하기만 한 일상에서는 결코 얻을 수 없는 법입니다. 그러니 좋은 일만 있는 인생보다는 안 좋은 일도 있는 인생이 단연코 더 낫습니다. 안 좋은 일도 행복한 인생의 일부이고 당신은 언제라도 행복한 사람이니까요.

애당초 이 세계에서 일어나는 모든 현상은 중립적입니다. 현상 자체에 선과 악은 없습니다. 같은 비가 내려도 어떤 사람은 싫어하는 반면 다른 사람은 은혜로운 비라고 여기기도 합니다. 좋고 나쁨은 인간이 정하는 것입니다. 모든 것은 생각의 초점을 어디에 두는지에 달렸습니다. 같은 일을 경험하면서도 어떤 사람은 긍정적으로 받아들이고 또 어떤 사람은 불행으로 받아들이기도 합니다. 당신은 어느 쪽을 선택하겠습니까?

행복한 사람은 무슨 일을 해도 잘 풀립니다. 행복한 사람에게 나쁜 일이 하나도 일어나지 않는다는 의미가 아닙니다. 한 사람에게만 행운이 집중되는 일은 없고, 그와 마찬가지로 어떤 사람에게 불행만 쏟아지는 일도 없습니다. 다만 이미 일어난 일의 밝은 면을 보느냐 어두운 면을 보느냐에 따라 이후의 전개가 달라질 뿐입니다. 밝은 면에 집중하면 좋은 것이 많이 보입니다. 밝기 때문에 좋은 인연이나 기회가 눈에 잘 보이고 결과적으로 모든 일이 잘 풀립니다.

반대로 어두운 면, 나쁜 면만 보면 설령 그곳에 정말 좋은 점이 있더라도 잘 보이지 않습니다. 기회가 있더라도 놓쳐버리기 십상이지요. 게다가 어둠을 응시하다 보면 마음이 불안해지기 때문에 두려움과 걱정만 커집니다. 그러니 뭘 해도 잘 풀리는 사람이 되고 싶다면 지금 당장 "나는 행복한 사람"이라고 선언해야 합니다.

무슨 일이 일어나든 전부 행복의 일부라고 생각해보세요. 자연스럽게 밝은 면에 눈이 가고 그곳에 숨어 있는 기회와 배움을 얻을 수 있을 것입니다. 이런 사람은 누구든 응원해주고 싶은 법이라 신도 계시를 내려줍니다. 어떤 문제든 척척 해결해나가게 되지요.

Question ✳ 지금 처한 상황의 긍정적인 면은 무엇인가요?

원래 주인공의 삶은
파란만장하다

───── 인생은 신이 감독을 맡은 연극과 같습니다. 당신이 주인공인 당신을 위한 드라마이지요. 그러니 '어차피 나는 조연 인생인데'와 같은 생각으로 포기해서는 안 됩니다.

어떤 드라마든 주인공은 파란만장한 삶을 살아갑니다. 만약 주인공이 고난에 진다면 드라마가 되지 않겠지요. 주인공은 몇 번을 넘어져도 그때마다 다시 일어서서 결국에는 문제를 해결해냅니다. 당신의 인생 드라마에서 일어나는 일은 당신이라면 얼마든지 해결할 수 있다는 이야기입니다. 당신이 드라마의 주연으로 캐스팅된 배우인데 배역이 마음에 들지 않는다거나 스토리가 이상하다고 내내 불평만 한다면 드라마는 시작조차 되지 않을 것입니다. 심지어 이야기가 마음에 들지 않는다고 내내 투덜거리면 동료 배우와 스태프들의 분위기도 험악해지겠지요.

좋은 배우는 대본이 마음에 들지 않는다고 불평하는 대신 어떻게 하면 멋진 드라마를 만들 수 있을지 궁리하며 맡은 역할을 열심히 연기합니다. 자신에게 주어진 역할을 제대로 보여주겠다는 자세로요. 어떤 대본을 받든 간에 나 자신의 드라마라고 생각하고 임하는 것이지요.

이왕 태어난 세상, 즐겁게 살지 않으면 손해입니다. 불만이나 불평을 쏟아내기보다는 인생을 제대로 맛보고 간다고 여기면 될 일입니다. '부유한 집에 태어났으면 좋았겠지', '얼굴이 좀 더 잘생겼으면 좋았을 텐데'와 같이 저마다 아쉽다고 생각하는 부분이 있을 테지만 자신에게 없는 것을 쫓아보아야 소용없습니다. 그보다는 신이 내게 준 카드로 승부를 보아야 합니다. 오히려 내가 아쉽게 여기는 바로 그것이 우리가 삶을 더 깊이 배우는 데 필요한 재료입니다. 부모 역할을 하지 못하는 부모에게 태어났거나, 얼굴이 마음에 들지 않거나, 학교 공부나 운동을 제대로 하지 못하거나, 구조조정으로 퇴직을 당하고, 사람들의 배신과 따돌림을 경험하는 등 여러 가지 불리한 카드를 가지고 있을 수 있지만 어느 하나도 불행의 씨앗은 아닙니다. 언뜻 보기에 나쁜 일처럼 보이는 일이야말로 우리에게 깊은 가르침을 주니까요. 게임만 해도 상대방이 강할수록 쓰러뜨렸을 때 얻는 점수가 아주 크지요. 인생도 마찬가지입니다.

당신이 신처럼 완벽하다면 이 세상에 태어날 필요가 없었을 것입니다. 그런데도 지금 여기에 존재한다는 것은 당신이 배워야 할 것이 아직 남아 있다는 뜻입니다. 그리고 무언가를 배울 때는 상황이 좋을 때보다 좋지 않을 때 훨씬 효과가 좋습니다. 사람은 어렵고 힘들어 보이는 일일수록 진지하게 임하기 때문입니다. 궁지에 몰리더라도 당신이 거기서 무언가를 배운다면 시련의 카드는 오히려 당신에게 도움이 됩니다. 처음 받았을 때는 가난, 질병, 실패 같은 카드였더라도 하나씩 헤쳐 나갈 때마다 부유, 건강, 장수, 성공이라는 행운의 카드로 바뀔 것입니다.

사이토 히토리의 어떻게 살 것인가

인생이라는 드라마의 주인공은 나 자신이라는 생각으로 손에 쥔 카드를 바라보세요. 당신만이 연기할 수 있는 기적의 이야기가 시작될 것입니다.

Question   ＊ 내게 주어진 불운의 카드를 어떻게 행운의 카드로
바꿀 수 있을까요?

좋은 기분을 유지하는 것은
최고의 수행

사람은 생각보다 단순해서 언제나 즐거운 일을 더 좋아합니다. 재미없어 보이는 일과 즐거워 보이는 일이 있으면 즐거운 일을 택하기 마련이지요. 그래서 즐거운 곳에는 사람들이 많이 모입니다. 유쾌하고 재미있는 사람은 언제나 인기가 넘칩니다.

그렇다면 어떻게 해야 나도 즐거워질 수 있을까요? 부족한 부분을 채운다면, 예를 들어서 능숙하지 못한 커뮤니케이션 능력을 키우면 유머러스한 사람이 될 수 있을까요? 많은 사람이 이런 조언을 듣고 말을 잘하기 위해 수업을 듣거나 외향적인 태도를 배우려고 애씁니다.

하지만 즐거워지는 방법은 의외로 간단합니다. 그저 언제나 기분 좋은 상태로 있으면 됩니다.

저는 늘 만나는 사람들에게 밝은 미소를 짓고 좋은 기분을 유지하라고 권합니다. 제 경험을 돌아보면 갑자기 사고를 치는 사람보다 안 좋은 기분을 주변에 퍼뜨리는 사람이 더 난감했습니다. 혼자 기분 나쁜 것이 범죄도 아니고 누군가에게 민폐를 끼치는 것도 아니라고 말하는 사람도 있지만 절대 그렇지 않습니다. 기분이 안 좋은 상태는 주변 전체를 불쾌하게 만드는 민폐 행위입니다. 머리가 좋고 용모가 아름다운 사람이라도 기분이 안 좋은 상태로 시무룩해 있으면 다른 장점까지 모두 빛을 잃습니다. 아무리 뛰어난 능력이나 자질을 지니고 있어도 안 좋은 기분 때문에 그런 것들이 단번에 날아가버립니다.

반면에 기분이 좋은 상태를 유지하는 사람이 내뿜는 에너지는 굉장합니다. 극단적으로 이야기하면 아무것도 하는 것 없이 그저 방글방글 웃기만 해도 사람들이 좋아합니다. '저 사람은 일은 좀 느리지만 미워할 수가 없어', '그냥 보면 도와주고 싶다니까' 하고 주변에서 기꺼이 도와주려고 하지요. 좋은 사람들이 늘 함께하는 덕분에 직장에서도 놀랄 만큼 성공합니다.

세상에는 스스로를 단련하기 위한 수행 방법이 많습니다. 속세와 인연을 끊고 산속에 틀어박히는 것, 단식, 폭포수 맞기 등 셀 수 없을 정도지요. 하지만 저는 어떤 수행보다도 상위에 있는 것이 늘 기분 좋은 상태를 유지하는 일이라고 생각합니다. 수행이라고 하면 몇 달씩 좌선하며 집중해야 하는 극히 힘든 일이며, 어렵고 고통스러운 과정을 거치지 않고는 깨달음을 얻지 못한다는 선입견이 널리 퍼져 있는 것 같습니다. 물론 승려나 성직자가 되고 싶은 사람이라면 엄격한 수행이 적합하고 필요할 것입니다. 하지만 그렇지 않은 사람이 고통스러운 수행을 하다가는 괴로움 때문에 미소를 잃고 저도 모르게 무거운 기운을 퍼뜨리게 됩니다. 수행이란 결국 자신과 주변 사람들을 행복으로 이끌기 위해서 하는 일 아닌가요? 엄격하고 힘든 과정을 거치지 않아도 그렇게 할 수 있다면 굳이 고통스러운 수행을 하면서 멀리 돌아가는 길을 택할 필요는 없을 것입니다.

일상에서 좋은 기분을 유지하는 수행은 누구라도 마

음 편하게 도전할 수 있는 데다가 자신의 마음 상태를 제어하는 일이기에 그 이상의 수행은 없다고 생각합니다. 자신을 달래고 칭찬하면서 사랑해주어야만 하는 일이지요.

지금까지 가족이나 친구, 회사를 위해서 여러 가지 일을 참아왔을지도 모릅니다. 하지만 앞으로는 세상의 기준이 아니라 자신이 어떻게 하고 싶은지, 무엇을 하고 싶은지에 따라 행동을 결정하세요. 다른 사람을 위해서 자신을 억누르지 말고 자유롭게 좋아하는 일을 즐기는 것입니다. 그러면 언제까지고 기분 좋은 상태를 유지할 수 있습니다. 나 자신을 최우선에 두는 것이 가장 훌륭한 수행이며 깨달음으로 가는 첫걸음이라는 점을 명심하세요.

Question ＊ 좋은 기분을 유지하는 나만의 비법이 있나요?

남에게 친절할 때
불편한 마음이 든다면

사랑은 이 세상에서 가장 강력합니다. 우리가 사는 이 세계를 창조한 힘이 빛과 사랑이니 이보다 더 강한 힘을 지닌 것은 없습니다. 사랑이라는 말이 뜬구름 잡는 말처럼 느껴질 수도 있지만 사랑의 정의는 생각보다 단순합니다. 상냥함과 친절함, 즉 우리가 살아가면서 소중히 여겨야 할 마음이자 태도를 의미하지요.

그런데 자신은 제쳐두고 다른 사람을 위해 사는 것이 친절이라고 잘못 알고 있는 사람들이 의외로 많습니다. 자신을 도외시한 친절은 결국 다른 사람이 시키는 대로 하겠다는 의미와 다를 바 없습니다. 헌신적인 태도는 좋지만 마음까지 내던져서는 안 됩니다. 자기 자신에 대한 사랑이 없으면 아무리 다른 사람에게 친절하게 굴어도 진정한 친절함이라고 할 수 없습니다.

가짜 친절함을 베풀다 보면 점차 '나는 이렇게 해주는데 돌아오는 것이 없다', '나만 신경을 쓰고 있다'처럼 보상을 바라는 마음이나 상대방에 대한 불만이 생깁니다. 자신이 몸을 깎아 희생하고 있기 때문에 그만큼 돌아오는 것이 없으면 화가 나고 기분이 상합니다. 그러면 친절을 받는 상대방도 불편해지기 마련입니다. 이렇듯 자기 자신을 친절함의 세계에서 배제해버리면 누구에게도 친절하지 못한 결과를 초래할 뿐이지요.

진정한 친절함이란 아무것도 바라지 않는 무상의 사랑입니다. 일방통행이라 하더라도 전혀 신경 쓰지 않고 베푸는 행위이지요. 상대방이 나의 베풂을 감사하게 여긴다면 기쁘겠지만 가장 큰 전제는 상대방의 보답이나 감사를 바라지 않는 것입니다. 사랑이 넘쳐흘러서 나누어주는 것이기 때문에 나 자신은 아무런 손해도 보고 있지 않은 상태여야 하지요. 손해를 보고 있지 않다면 마음이 불편할 일도 없습니다. 만약 누군가에게 친절하고 상냥하게 대할 때 불편한 마음이 든다면 무리하고 있으며 에너지를 뺏기고 있다는 의미입니다.

그런 의미에서 '다른 사람에게는 관대하고 자기 자신에게는 엄격하게'라는 말은 이치에 맞지 않습니다. 적어도 저는 그런 일이 가능한 사람을 한 번도 본 적이 없습니다. 자신에게 엄격한 사람은 다른 사람에게는 더 엄격한 법입니다. 나에게조차 친절하고 상냥하게 대하지 못하는데 어떻게 다른 사람에게 친절하게 대할 수 있을까요? 그러니 '먼저 나에게 친절하게, 그리고 남에게도 친절하게' 대하는 것이 진정한 사랑의 출발점입니다.

Question ＊ 평소 나를 얼마나 친절하게 대하고 있나요?

힘든 일에
돈을 지불하지 말라

예로부터 '젊을 때 고생은 사서라도 하라'는 말이 있어서인지 고생을 당연히 경험해야만 한다고 여기는 사람이 많습니다. 머리가 딱딱하게 굳은 어른이 젊은 사람에게 고생도 모르면 안 된다며 싫은 소리를 하거나 고생도 해보지 않은 사람이 뭘 알겠냐면서 인격을 부정하는 듯한 발언을 일삼고, 재미있게 지내는 청년을 향해 '뭘 그렇게 헤실헤실 웃고만 있느냐'라는 폭언을 내뱉기도 합니다. 저는 그 점이 너무나 걱정스럽습니다. 고생에 대한 숭배에 가까운 신앙, 노력에 대한 강요가 지나치다는 생각이 듭니다. 적당히 멈추었으면 하는 마음입니다. 비단 젊은 사람뿐만 아니라 이 세상에 고생하는 편이 더 나은 사람은 없으니까요.

제가 일본에서 가장 세금을 많이 낼 정도로 성공을 거두자 많은 사람이 "그동안 정말 고생 많이 하셨지요?"라고 물어오더군요. 마치 잘되기 위해서는 힘들게 고생하는 것이 너무나도 당연하다는 듯이 말입니다. 하지만 사실은 그 반대입니다. 만약 제가 내내 고생만 했다면 지금처럼 일본에서 세금을 제일 많이 내는 사람이 되지 못했을 것입니다.

제가 이토록 넉넉하게 지내고 계속 행복을 느끼는 이유는 편하게 살아왔기 때문입니다. 저는 힘든 일에 굳이 돈을 지불할 가치가 없다고 생각합니다. 오히려 어떻게 하면 고생을 하지 않을지 고민하지요. 그럼에도 어쩔 수 없이 찾아오는 힘든 일은 저를 단련해주는 것이라고 여깁니다. 그러나 억지로 고생길을 찾아다닐 필요는 없습니다. 고생하지 않을수록 티 없이 맑은 성정이 생겨나고 사람들에게 사랑받으며 주위에 사람이 모여듭니다. 저절로 만족스러운 인생이 될 수 밖에 없지요.

흔히 하는 말처럼 고생을 사서라도 해야 한다면 세상

사이토 히토리의 어떻게 살 것인가

에는 이미 고생을 파는 가게가 있을 것입니다. 하지만 제가 지금까지 그런 가게를 본 적이 없는 걸 보면 그 말을 의심해보는 편이 나을 것 같습니다.

일본을 대표하는 굴지의 사업가인 파나소닉의 창업자 마쓰시타 고노스케나 혼다의 창업자 혼다 소이치로 같은 사람을 보면 고생만 경험한 사람처럼 보일지 모릅니다. 덕분에 그 자리에 오를 수 있었다고 말이지요. 하지만 저는 그렇게까지 성공한 것 자체가 본인에게는 그 일이 굉장히 즐거웠다는 뜻이라고 생각합니다.

스포츠 선수도, 그 밖의 다른 분야의 일류 장인도 마찬가지입니다. 다른 사람들보다 뛰어난 무언가를 이루어낸 사람은 그것을 참을 수 없이 좋아했기 때문에 스스로 엄격한 훈련을 하고 괴로운 상황이 닥쳐도 즐길 수 있었던 것입니다. 그들에게 그 과정은 결코 힘들기만 한 일이 아닙니다. 오히려 기분 좋은 설렘을 느끼게 하는 즐거운 일인 것이지요.

우리가 사는 인생은 순간의 연속이어서 지금을 어떻게 사느냐가 중요합니다. 당장 너무 힘들어서 도저히 견디기 어렵다면 앞으로 다가올 미래가 행복하다는 보장도 없습니다. 또한 자신에게 적합하지 않은 일을 하고 있다는 의미일 수도 있습니다.

잘못된 길에서 애쓰지 말고 즐겁게 놀 수 있는 길에서 도전하세요. 그것이 바로 진정한 성공의 법칙입니다.

Question   * 실패마저도 기꺼이 즐길 수 있는 일을 하고 있나요?

이 장의 가르침

---✳---

하나 당신이라는 신을 인정하라.

둘 기꺼이, 주제넘게 스스로를 칭찬하라.

셋 현재의 모습을 부정하지 말라.

넷 나의 부족함과 어설픔부터 용서하라.

다섯 결점과 개성은 종이 한 장 차이에 불과하다.

여섯 주위가 어두울수록 밝게 빛날 기회다.

일곱 무슨 일이 일어나든 전부 행복의 일부라고 생각하라.

여덟 내가 쥐고 있는 카드로 세상과 승부하라.

아홉 좋은 기분을 유지하는 것은 우리가 지향해야 할 수행이다.

열 "고생은 사서라도 하라"는 말에 휘둘리지 말라.

나 자신을 돌보고 사랑할 줄 모르면
다른 이들을 돌보고 사랑할 수도 없다.
결국 나에 대한 사랑이
다른 사람을 사랑하는 근원이기 때문이다.

틱낫한 Thich Nhất Hạnh, 1926~2022
베트남의 승려

사소한 태도가
행운과 불운을 가른다

自 習 因 成 生
尊 慣 緣 功 死

스스로 행복을
만들어내는 법

마치 신이 응원해주는 것처럼 손대는 족족 일이 잘 풀리는 사람들은 행복의 힘을 자가발전하는 능력을 지니고 있습니다. 외부의 다른 요인이나 다른 사람에게 의존하지 않고 오로지 자신의 힘만으로 밝은 생각과 태도를 갖추어서 행복의 동력을 스스로 만들어낼 수 있다는 이야기지요. 저는 이러한 동력을 '파동'이라고 부릅니다.

파동은 작은 입자가 모여서 만들어내는 에너지를 의미합니다. 말하자면 전파나 주파수 같은 것인데 저는 이 세계의 모든 것에 파동이 존재한다고 믿습니다. 인간은 물론이고 모든 생물과 사물, 현상까지도 이러한 에너지를 통해 만들어지기 때문에 제가 파동이라고 하는 것을 신의 에너지 혹은 생명의 원천이라고 부르는 사람도 있습니다. 그런데 사물이나 현상의 파동은 대체로 일정한 데 비해 인간은 생각과 감정에 따라 파동이 크게 바뀌며 이 파동은 다시 우리의 사고와 기분에 영향을 미칩니다. 기분이 좋으면 파동이 상승하면서 마음이 가벼워지고 생각도 맑아지지요.

또 파동은 비슷한 것끼리 모이는 성질도 갖고 있습니다. 좋은 파동을 가지면 좋은 일이 일어나고, 파동이 약해지면 안 좋은 일이 늘어납니다. 즉 좋은 일이든 안 좋은 일이든 살아가면서 일어나는 일은 모두 우리의 파동이 가져온 결과라는 뜻이지요. 그러니 기분이 안 좋은 일이 있더라도 파동이 약해지지 않도록 주의해야 합니다. 만약 지금보다 더 만족스러운 인생을 누리고 싶다면 파동을 더 강하게 만들어야 하는데, 바로 여기서 행복을 자가발전하는 힘이 시험대에 오릅니다.

자가발전을 잘하는 사람은 안 좋은 일이 있어서 파동이 약해져도 금세 추가 발전을 할 수 있습니다. 스스로 자신을 보살필 힘이 있기 때문에 파동이 약해지더라도 그 상태가 오래 가지 않습니다. 반면에 자가발전이 서툰 사람은 약해진 파동을 스스로의 힘만으로 끌어올리지 못합니다. 그래서 점점 불행으로 끌려가고 그럴수록 더 더욱 헤어나올 수 없게 되는 악순환에 휘말립니다. 파동이 약해지고 흐려질수록 더욱 큰 고난이 찾아오니까요. 이처럼 자가발전을 할 수 있느냐 없느냐는 하늘과 땅 차이입니다.

자가발전이라고 하면 엄청난 능력이 필요할 것 같지만 그리 어려운 일은 아닙니다. 어떤 일이 있어도 '나는 행복하다'라고 생각하기만 하면 됩니다. 언제나 표정을 밝게 유지하고 무조건 참거나 양보하지 않으며 자기 자신을 소중하게 여기면 충분합니다. 이렇게 일상의 생각과 감정을 아주 살짝만 바꾸어도 많은 것이 달라집니다.

처음에는 이 변화가 잘 느껴지지 않을 것입니다. 하지만 미미한 변화가 차곡차곡 쌓이면 조만간 커다란 파동을 만들어냅니다. 그러면 지금까지와는 전혀 다른 것들을 끌어당기면서 경직되어 있던 삶이 밝은 곳을 향해 움직이기 시작합니다. 풍요로운 파동에는 반드시 풍요로운 것들이 몰려듭니다. 우주의 법칙은 생각보다 간단합니다. 그리고 우리 인간은 생각 하나로 이 법칙을 얼마든지 활용할 수 있지요. 실로 커다란 특권을 지니고 태어난 셈입니다.

Question ✳ 어떻게 하면 행복을 자가발전할 수 있을까요?

내가 하는 말은
신에게 보내는 주문서다

인간의 뇌는 정밀해서 조금이라도 이치에 맞지 않는 일은 좋아하지 않습니다. 무언가 어긋나 있으면 어떻게든 올바른 상황으로 가려고 노력하지요. 그러니 설령 불만이 있더라도 "나는 행복하다!" 하고 말해보거나 속으로 크게 외쳐보면 뇌가 머리와 마음의 괴리를 메우려고 하면서 행복을 향해 마음을 옮기려고 합니다.

앞서 말한 것처럼 세상에 존재하는 모든 것에는 파동이 존재합니다. 이는 언어도 예외가 아니라서 "행복"이라는 말에는 행복의 파동이 깃들어 있습니다. "즐겁다"라고 말하면 말한 사람도 들은 사람도 즐거운 파동을 경험하게 됩니다. 이러한 말의 파동을 일본에서는 '언령言靈'이라고 부르는데, 쉽게 말해서 말에 깃든 영적인 힘이라는 뜻입니다. 즉 즐겁고 좋은 말을 사용하면 뇌의 작용에도 좋고 언령을 통해서도 힘을 얻으니 두 배로 강력한 자가발전을 경험할 수 있습니다.

이처럼 영적인 힘이라는 관점에서 보면 우리가 평소 사용하는 말은 결국 '신에게 보내는 주문서'라고 해도 좋을 것입니다. 예를 들어 튀김 덮밥을 먹고 싶어서 식당에 갔다고 해봅시다. 그런데 정작 주문할 때 '국수 주세요'라고 말해버린다면 당연히 점원은 국수를 내오겠지요. 튀김 덮밥을 먹고 싶다면 '튀김 덮밥 주세요' 하고 제대로 주문해야 합니다. 문제는 이와 같은 일이 우리 인생에서도 일어나고 있다는 점입니다.

행복을 바란다면 "나는 행복해"라고 말해야 합니다. 아무리 마음속으로는 행복을 바라더라도 입에서 나오는 말이 정말 "싫어", "용서할 수 없어"라는 불만과 불평이라면 튀김 덮밥을 원하면서도 국수를 주문하는 것이나 마찬가지입니다. 불만과 불평의 목소리가 전달되면 신은 '이 아이는 불만과 우는 소리로 이어지는 일을 바라

는구나'라고 받아들이겠지요. 그러니 내게만 안 좋은 일
이 계속 일어나는 것처럼 보인다면 이는 신의 실수가 아
니라 주문하는 쪽의 문제입니다.

시금 처한 현실은 우리가 지금까지 신에게 보낸 주문
의 결과입니다. 인생이 괴로운 사람은 틀림없이 과거에
괴로움을 주문했을 것입니다. '인생이 제대로 풀리지 않
는다'라는 생각 자체가 잘 풀리지 않는 일을 불러온다는
사실을 명심하세요. 좋든 나쁘든 모든 것은 우리의 뜻대
로 펼쳐집니다.

미래를 밝게 바꾸고 싶다면 일상 속의 말부터 바꾸어
보세요. 저는 수십 년 전부터 천국의 말을 사용하고 지
옥의 말을 버려야 한다고 전파해왔습니다. 천국의 말이
란 말하는 사람도 듣는 사람도 기분 좋게 만드는 말을
말합니다. '사랑해', '운이 좋아', '행복해', '기뻐', '고마
워', '용서해' 같은 말이 여기에 속하지요. 반면 지옥의
말은 말하는 사람도 듣는 사람도 기분이 안 좋아지는 말
입니다. '무서워', '재수 없어', '용서 못 해' 같은 말이나
불평, 불만, 우는 소리, 험담, 걱정이 대표적입니다.

천국의 말을 사용하면 진정으로 원하는 바와 신에게

보내는 주문이 일치해서 생각이 곧 현실이 될 것입니다. 그러면 어느 순간 자신이 바란 것보다 더 좋은 인생이 펼쳐지고 있다는 사실을 깨닫게 되지요. 상상을 넘어서는 밝은 내일이 기대되지 않나요?

Question ✳ 행복을 부르는 나만의 주문이 있나요?

인복 있는 사람들이
자주 쓰는 표현

제가 여러분에게 가장 권하고 싶은 말은 '감사합니다'라는 천국의 말입니다. 저는 천국의 말이라는 개념을 수십 년 전부터 전파해왔습니다. 특별한 계기나 목적이 있는 것은 아니지만, 얼마 전 다시 한번 '감사의 인사'를 널리 퍼뜨려야겠다고 다짐했습니다. 이 세상에 감사의 파동이 더 많이 필요하다고 느꼈기 때문입니다. 이렇게 문득 떠오르는 생각들을 흔히 직감이라고 하는데, 저는 이것이야말로 신이 우리에게 보내는 메시지라고 생각합니다. 명확하게 이유를 말할 수는 없지만 왠지 그래야 한다고 생각하는 순간 말입니다. 그래서 당장 이 일을 친구들에게 이야기했지요.

감사에 깃든 언령은 사람의 마음을 움직이는 굉장한 힘을 가지고 있습니다. 더 많이 감사할수록 신은 기뻐하며 우리에게 손을 내밀어줍니다. 행운을 가져오는 좋은 인연을 만났을 때 우리는 기뻐하는 신의 파동을 경험하는 것입니다.

우리는 주변의 사람, 사물, 현상 등 모든 것과 인연을 맺습니다. 그중 최강은 사람과의 인연인데, 사물이든 사건이든 현상이든 결국은 우리가 만나는 사람이 가져오는 것이기 때문입니다. 다른 사람과 인연을 맺지 않으면 아무것도 생겨나지 않습니다. 그리고 좋은 인연을 맺게 해주는 씨앗이 바로 '감사합니다'라는 인사입니다.

사람의 고민은 대부분은 인간관계가 원인입니다. 표면적으로는 그렇게 보이지 않는 문제라도 그렇습니다. 평소 사람들에게 사랑받는 사람은 힘들 때 반드시 도움을 주는 사람이 나타납니다. 혼자서는 어떻게 할 수 없는 일이라도 여러 사람의 힘을 빌려 해결할 수 있지요. 그런데 좋은 인간관계를 만들지 못한 사람은 문제가 발생했을 때 전부 혼자서 짊어져야 합니다. 힘들 때 지혜를 내줄 사람도 같이 힘을 보태줄 사람도 없으면 정말로 괴롭겠지요.

인생이 잘 풀리는 사람은 좋은 인맥을 가지고 있고 그 인맥을 만드는 것이 바로 감사라는 좋은 인연의 씨앗입니다. 주위에 '이 사람은 항상 운이 좋네'하는 생각이 드는 사람이 있다면 잘 관찰해보세요. 틀림없이 압도적인 기세로 감사의 씨앗을 뿌리고 있을 것입니다.

Question ＊ 함께 있으면 기분이 좋아지는 사람들은 어떤 말을 하나요?

사이토 히토리의 어떻게 살 것인가

"고맙습니다"가
불러오는 작은 마법

감사를 표현하라고 하면 "그런 마음이 좀처럼 생기지 않아요"라든가 "고마워도 쑥스러워서 말로는 전달하기 힘들어요"라고 대답하는 사람을 종종 만납니다. 감사는 당연히 하고 있으니 표현하지 않아도 아는 것 아니냐고 묻는 사람들도 있지요. 예로부터 '눈으로 이야기한다', '표정으로 말한다'라는 말이 있는 만큼 굳이 입 밖으로 내지 않아도 상대는 그 감정을 느낄 수 있을 테니까요. 실제로 그 말도 옳습니다. 다만 마음은 말로 표현할 때 더 잘 전달되고 감사의 마음을 소리 내어 전달하면 그 파동을 통해 자기 자신의 파동도 좋아집니다.

자기 입에서 나오는 말을 가장 많이 듣는 사람은 나 자신입니다. 다른 사람에게 감사 인사를 하면 표면적으로는 상대방에게 보내는 선물처럼 보이지만 사실은 그 말을 하는 우리 자신이 감사의 파동을 가장 크게 경험합니다. 상대방에게도 좋은 파동이 전달되지만 그 말을 한 당사자에게 가장 큰 영향을 미치는 것이지요. 그런 의미에서도 소리 내어 "감사합니다"라는 말을 전하는 행위는 모두에게 좋은 일입니다. 그래서 저와 제 제자들은 일상적으로 "감사합니다"라는 인사를 주고받습니다.

'안녕하세요', '안녕히 주무세요', '어서 오세요', '다녀왔습니다', '반갑습니다', '수고하셨습니다' 등 평소 주고받는 다양한 인사를 '감사합니다'로 바꾸면 매일 자연스럽게 감사의 파동을 쌓을 수 있습니다. 전화가 걸려 오면 밝은 목소리로 "감사합니다"라고 하며 받으세요. 여행지에서도 "감사합니다"라고 말하면 사람들도 친근감을 느끼고 더욱 가깝게 대해줄 것입니다.

저는 인생에서 만나는 모든 사람이 신이 보내준 인연이라고 생각합니다. 그래서 아주 작은 인연이라도 상대방에게 좋은 파동을 선물하고 싶습니다. 누구를 만나든 감사의 파동을 힘껏 내보내는 것도 그런 이유입니다. 그리고 저의 인사에 상대방도 감사하다고 말해주면 그렇게 좋을 수가 없어요. 서로 "감사합니다"라는 인사를 주고받으면 나도 상대방도 신적인 파동을 갖게 됩니다. 사람들이 모두 감사를 느끼고 그것이 물결처럼 전 세계로 퍼진다면 좋겠습니다.

Question ✳ 평소 얼마나 감사를 표하고 있나요?

나 혼자서라도 하겠다는
애민의 각오로

———— 지금까지 일반적인 인사를 해오다가 갑자기 모든 인사를 '감사합니다'로 바꾸려고 하면 어색하고 이상하게 느껴질 것입니다. 그럴 때는 무리하지 않아도 되니 할 수 있는 부분부터 바꿔보세요.

메일을 보낼 때 말미에 "감사합니다" 하고 덧붙이거나, 채팅 앱으로 대화할 때 감사를 표현하는 이모티콘을 쓰는 것부터 시작해보세요. 저는 휴대전화를 사용하지 않아서 채팅 앱을 써본 적도 없지만, 주변 사람들에게 물어보니 요즘은 감사를 전하는 이모티콘이 많다고하네요. 그 말인즉 쉽게 감사를 전달할 수 있는 사람이 늘어났다는 뜻이 아닌가 싶습니다. 감사하는 태도가 세상에 널리 퍼지고 있다니 참으로 기쁜 일입니다. 감사를 표현하는 일에 익숙해지면 어느새 자기도 모르게 입에서 "감사합니다"라는 말이 자연스럽게 나옵니다.

만약 좀처럼 입이 떨어지지 않는다면 감사의 말이 부족하다는 의미입니다. 그러니 아무도 없는 곳에서 "감사합니다"를 매일 백 번, 천 번 주문처럼 외워보세요. 말의 힘은 굉장합니다. 반복하다 보면 정말로 감사의 파동이 일어나서 조만간 다른 사람에게 "감사합니다"라고 말하는 데도 거부감을 느끼지 않게 될 것입니다.

이상하고 어색하게 느껴지더라도 '나 혼자서라도 하겠다'라는 마음이 중요합니다. 사랑의 각오라고나 할까요. 다른 사람이 하든 안 하든 나만큼은 하겠다고 마음먹는 것 말입니다. 이것을 하면 내게도 다른 사람들에게도 모두 좋다는 사실을 알고 있는데 다른 사람들은 하지 않는다는 이유로 주저할 필요가 있을까요? 그러니 나 혼자서라도 해야겠다고 결심하는 것입니다. 그렇게 하면 적어도 내 주변에는 감사의 파동이 전달될 테니까요. 그 결과 나에게 감사를 받은 사람 중 한 명이라도 감사의 톱니바퀴를 굴려줄 사람이 생긴다면 이 세상에 행복한 사람이 점점 더 늘어나겠지요.

이런 일은 억지로 권하거나 강요하지 않아도 자연스럽게 일어납니다. 내가 밝게 인사를 하면 주변에서도 점차 '이 사람은 어째서 이렇게 항상 기분이 좋은 거지?' 하고 관심을 보입니다. 감사 인사를 하는 사람에게는 기적 같은 일이 계속 일어나기 때문에 그것을 보면 주변에서도 따라 하고 싶은 마음이 생깁니다. 자기도 행복해지고 싶어서 자발적으로 따라 하는 것이지요.

그러니 당신이 감사의 인사에 관심이 생겼다면 주위의 눈치를 볼 필요 없이 우선 자신부터 해보겠다고 마음먹으면 됩니다. 스스로 "감사합니다"라고 말할 수 있다면 그것으로 충분합니다.

Question   * 부끄럽지만 해내면 뿌듯한 행동이 있나요?

호의를 당연시하는 사람을
멀리하라

사람은 원래 사랑과 빛으로 이루어진 존재이므로 감사는 영혼의 양식과 같습니다. 그래서 먼저 이쪽에서 감사를 표하면 자연스럽게 상대방도 기뻐하면서 함께 감사 인사를 돌려주지요. 서로 사랑을 나누면서 더불어 파동이 강해지므로 서로 감사하는 사람들이 함께 있으면 영혼이 채워지고 마음이 든든해집니다. 하지만 살다 보면 아무리 호의를 베풀어도 당연한 것처럼 여기고 대수롭지 않게 행동하는 사람들을 종종 만납니다.

감사하는 자세가 몸에 배면 감사를 대단치 않게 여기는 사람을 만났을 때 어딘지 모르게 불편한 느낌이 듭니다. 사랑이 없는 태도이니까요. 만약 내가 아무리 감사를 표해도 대단치 않게 여기는 사람을 만난다면 가급적 빨리 거리를 두는 것이 좋습니다. 이런 사람을 만나면 왜인지 모르게 불안하고 초조한 느낌이 드는데, 이는 영혼이 보내는 위험 신호입니다. 그 사람에게서 멀어져야 한다는 하늘의 계시와 같은 것이지요.

감사하지 않는 사람은 자기 자신뿐만 아니라 당신 주위에 있는 다른 사람까지 불쾌하게 만듭니다. 앞에서 별다른 표현 없이 혼자 기분 나쁜 상태를 유지하는 것도 주변에 민폐를 끼치는 행동이라고 말했지요. 다른 사람에게 감사를 표현할 줄 모르는 사람도 마찬가지입니다.

싱싱한 귤 사이에 끼어 있는 상한 귤 하나가 결국 상자 안의 모든 귤을 썩게 만듭니다. 그러니 주변의 다른 귤을 보호하기 위해서라도 상한 귤은 상자에서 꺼내야만 합니다. 감사하지 않는 사람은 마치 썩은 귤과 같습니다. 이런 사람이 한 명이라도 내 곁에 있으면 그 파동이 주변 전체에 악영향을 끼칩니다. 당신의 파동은 물론이거니와 당신이 소중하게 여기는 사람들의 파동까지 약하게 만들고 어둠으로 끌어당길 것입니다.

나 자신을 위해서도, 나의 소중한 사람들을 위해서도 감사를 모르는 사람과는 거리를 두고 대하기를 권합니다. 살아가는 데 특히 중요한 이야기이니 명심하세요.

> **Question** ＊ 함께 있으면 마음이 불편한 사람들은 어떤 말을 하나요?

나를 아이처럼
토닥여주라

인간의 마음은 수시로 변합니다. 어떨 때는 마냥 기분이 좋다가도 문제가 발생하면 바로 마음이 어두워지지요. 우리가 희로애락을 느끼면서 울고 웃고 화내는 것은 당연한 일입니다. 신은 나름의 이유로 우리의 마음을 다채롭게 만들었으며 우리는 그 경험을 통해 성장해나갑니다. 그래서 우리는 마음의 변덕을 좀처럼 거스르지 못하지요. 때로는 감정 때문에 모든 일이 틀어지기도 합니다. 저 역시 예외는 아니지만 그래도 이만하면 마음을 굉장히 잘 다룬다고 자부합니다. 마음이 흔들릴 때도 감정에 크게 휘둘리는 법이 없기 때문입니다.

굉장한 비법이라도 있는 것 같지만 사실 뾰족한 수는 없습니다. 그저 수시로 변하는 마음을 잘 조절하고 달래는 것이지요. 마음이란 본디 변덕스러운 것이려니 여기고 받아들이면 됩니다.

기분이 안 좋아져도 그저 감정을 폭발시키거나 '짜증나! 정말 최악이야!' 하고 자신을 탓하지 않는 것이 중요합니다. 먼저 자신의 기분 상태를 있는 그대로 받아들이세요. '화가 났구나. 그렇지, 그 심정은 이해가 돼' 하고 자신의 마음에 공감해주며 무조건 자신을 긍정해야 합니다. 이 역시 나 자신을 소중하게 여기는 방법 중 하나입니다.

억울하거나 슬플 때 사람들이 '그건 당신이 잘못한 거야' 하고 내 행동을 부정하면 점점 더 화가 나고 의기소침해집니다. 반면 불필요한 말은 일절 하지 않고 '그렇지, 억울할 거야' 혹은 '슬프구나' 하며 이해해주면 그 한마디에 구원받는 기분이 듭니다. 가라앉았던 마음이 가벼워지고 '그래도 뭐 어쩔 수 없지, 이제 그만 생각해야겠다' 하는 생각이 듭니다. 나의 마음을 대할 때도 마찬가지입니다. 먼저 나 자신의 틀어진 마음을 직시하세요. 마음을 다스리는 데 거창한 비법은 없습니다. 자기 자신의 감정을 솔직하게 받아들이고 토닥여주면 금방 마음이 풀립니다.

때로는 어깨가 결리듯 마음도 단단하게 굳어버리는 날이 찾아오곤 합니다. 안 좋은 상태로 마음이 고정되어서 거기서 좀처럼 빠져나오지 못할 때가 있지요. 그럴 때는 억지로 무언가를 하려 애쓰는 대신 안 좋은 감정으로 가득해진 나 자신에게 공감하고 지금 그대로도 괜찮다고 긍정해주면 됩니다. 그러면 딱딱하게 굳어진 마음이 위로를 얻고 금세 풀어집니다. 웅어리진 마음이 잘 풀어져서 막힘없이 흐르기 시작하면 안 좋은 상태에서 금방 빠져나올 수 있을 것입니다.

> **Question** ✳ 감정이 폭발해서 일을 망쳤을 때 어떤 기분이 들었나요?

미소는 나를 비추는
스포트라이트

사람을 볼 때 가장 먼저 눈이 가는 곳은 얼굴입니다. 그래서 상대방에게 좋은 인상을 주려면 반드시 멋진 미소가 필요하지요. 시무룩하고 뚱한 표정의 사람은 누가 보아도 불쾌하고, 방글방글 웃는 사람은 모두의 마음을 밝게 만듭니다. 웃는 사람을 보면 왠지 모르게 마음이 편안해지는 반면 아무리 얼굴이 잘생겨도 기분 좋지 않은 표정을 하고 있다면 가까이 가고 싶지 않아집니다.

외모에 자신이 없는 사람은 자신이 못생겨서 불행하다고 여깁니다. 하지만 진짜 문제는 얼굴을 뒤덮고 있는 부족한 자신감입니다. 자신감을 얻기 위해서 성형을 하는 것은 본인의 자유입니다. 하지만 아무리 외모가 아름다워져도 웃을 줄 모른다면 매력적인 사람이 될 수 없다는 사실을 기억해야 합니다.

외모가 어떻든 미소가 빛나는 사람은 누구보다도 반짝거려서 마치 그 사람에게만 스포트라이트가 향하는 것처럼 눈에 띕니다. 그래서 무슨 일이 있으면 사람들이 '당신에게 부탁하고 싶어요', '좋은 일이 있으니까 그 사람에게 알려줘야지' 하고 이야기해주어서 기회를 많이 잡을 수 있습니다.

거기에 더해서 얼굴에 윤기가 흐르면 건강해 보이고 풍요로운 인상을 줍니다. 그러니 몸과 마음이 힘들어서 미소 짓기가 힘들때는 크림이나 오일로 얼굴에 윤기를 보충해보세요. 표정이 훨씬 밝아 보일 것입니다. 이렇게 미소에 더해서 윤기까지 흐른다면 완벽하게 복을 부르는 얼굴이 됩니다. 행복한 일, 기쁜 일, 즐거운 일을 끌어들이는 최고의 관상이 되는 것이지요.

종종 '저 사람은 얼굴에 기름기가 흐른다'라는 말을 하지요? 이 말은 정말로 얼굴에 기름이 돈다는 말이 아니라 그 사람이 빛나 보인다는 의미입니다. '기름'이라는 표현이 사용되는 이유는 옛날 사람들 역시 얼굴의 윤기와 광택을 중요하게 여겼다는 의미가 아닐까 싶습니다. 기름은 반들거리니까요.

얼굴의 인상이나 관상을 논할 때는 대개 점의 위치나 코의 크기를 언급하는데 제 생각에 그런 것은 조금도 중요하지 않습니다. 미소와 윤기, 이 두 가지만 있으면 100점 관상입니다.

Question ✳ 평소 충분히 웃고 있나요?

지구라는 테마파크를 최대한으로 즐기라

우리는 행동하기 위해서 지구에 태어났습니다. 저세상에 영혼인 채로 남아 있어도 되었겠지만 굳이 이 세상에 육체를 가지고 태어난 이유는 받은 육체를 사용해서 행동하고 성장하기 위함입니다. 이 세계에서 일어나는 일은 육체가 없는 저세상에서는 절대 체험하지 못하는 일들뿐이라서 이것저것 해보고 싶었던 영혼이 육체라는 옷을 입고 태어난 것이지요.

그런데 무언가를 하고 싶다거나 해야겠다는 생각, 즉 신의 계시를 받고도 '다음에 시간 날 때 해봐야지', '기회가 있으면 해야지' 하고 행동으로 옮기지 않으면 의미를 잃습니다. 신의 계시는 지금 그 일을 하면 잘 될 것이라는 신호이며 타이밍의 승부입니다. 속도가 생명이므로 좋은 생각이 떠올랐다면 바로 움직여야 합니다. 신이 계시를 주었으니 그대로 행동하면 잘 풀릴 수밖에 없고 심지어 굉장히 재미있기까지 합니다.

말하자면 지구는 '행동의 별'이라는 테마파크입니다. 놀이공원에서는 열심히 돌아다니며 신나게 노는 것이 당연하고 그러기 위해 그곳에 찾아갑니다. 기껏 놀이공원까지 가서 잠만 자는 사람은 없지요. 마찬가지로 우리가 많은 일을 경험하면서 사는 이 별 지구도 우리가 움직이며 노는 장소입니다. 아침에 일어나서 식사를 하고 정성스레 집안일을 하거나 학교와 직장에 가는 것도 놀이이고 행동입니다.

행동의 세계에서는 '이렇게 하면 좋겠다' 하는 욕구나 생각만으로는 아무것도 달라지지 않습니다. 오로지 직접 움직여서 해본 뒤에야 그 길이 올바른 길인지 혹은 자신에게 맞는 길인지 알 수 있지요. 행동으로 옮긴 후에 돌아오는 결과를 보아야만 판단을 내릴 수 있는 것입니다. 이때 정답과 오답을 가르는 기준은 온전히 '나 자신의 행복'입니다.

일상생활을 예로 들어보겠습니다. 우리는 일을 하거나 열심히 놀고 난 후에는 휴식(수면)을 취합니다. 쉬고 나서 다시 활동하고요. 활동과 휴식 중 하나만 빠져도 건강을 잃고 행복에서 멀어지고 맙니다. 그러니 행복이라는 기준을 놓고 보면 두 가지 모두 삶에 반드시 필요한 요소라는 사실을 알 수 있습니다. 마찬가지로 밝게 인사하면 자신도 상대방도 기분이 좋아지므로 인사하는 것이 올바른 행동이지요.

그런데 세상의 상식으로 보면 올바른 일이더라도 실제로는 잘 풀리지 않는 경우가 있습니다. 행복이 모두에게 같은 형태로 찾아오지는 않으니까요. 학교에 가는 일, 고생을 이겨내는 일, 죽도록 노력하지 않으면 성공하지 못한다는 통념 등 세상에는 여러 가지 상식이 있지만 그것을 따랐을 때 숨도 쉬지 못할 만큼 고통스럽다면 당신에게는 그 길이 오답이라는 뜻입니다. 그럴 때는 빨리 방향을 전환해야 합니다. 나 자신의 행복을 무시한 채 언제까지고 나와 맞지 않는 세상의 상식대로만 따르려 하면 점점 괴로워질 뿐입니다. 무언가 이상하다는 느낌이 들거나 잘못되었다는 사실을 깨달았다면 다른 길을 찾아보세요. 이 역시도 매우 중요한 행동입니다.

| Question | * 하고 싶지만 아직 행동에 옮기지 못한 일이 있나요? |

행운의 꼬리를
잡는 법

———— 직장에 마음에 안 드는 동료가 있다고 해봅시다. 어디에나 언행이 좋지 않아 무슨 말을 해도 귀에 거슬리고 아무리 좋은 일을 해도 고까운 시선으로 보게 되는 사람이 있기 마련이니까요. 지금까지 그 사람을 어떻게 대해왔는지 돌아보세요. 볼 때마다 짜증을 내거나 분노를 터뜨리지는 않았나요?

한 가지 기억해두세요. 신은 그럴 때 당신이 무엇을 하는지 보고 계신다는 사실을 말입니다. 상대방이 사용하는 지옥의 말에 흔들려서 밝은 마음을 잃어버리거나 거기에 이끌려서 당신도 험한 지옥의 말을 사용하지는 않았는지 혹은 '그래도 나는 밝게 살 거야'라며 당신 혼자라도 밝게 행동하고 있는지 말이지요.

요컨대 힘든 상황은 신이 당신에게 내리는 진급 시험입니다. 다음 단계로 나아가는 분기점이기 때문에 여기서 합격점을 받으면 그야말로 세계가 완전히 달라집니다. 성장한 대가로 신에게서 굉장한 보상을 받게 되거든요. 이렇게 생각하면 의욕이 끓어오르지 않나요?

만약 제게 그런 상황이 펼쳐진다면 고생스러울 것 같다고 걱정하기 보다는 이후에 펼쳐질 세계가 기대되어 무척 설렐 것입니다. '신이 놀라는 소리도 내지 못할 만큼 제대로 공략해 보일 거야'와 같은 마음으로 의지를 활활 불태우겠지요. 문제가 어려울수록 의욕은 더욱 커집니다. 높고 험한 산을 넘은 만큼 신에게 받을 수 있는 보상도 클 테니까요. 그래서 저는 모두가 싫어하는 일이라도 내게 오면 '재미있는 일이 생겼구나'라고 생각합니다.

재난이 오히려 행운으로 이어지는 일도 있습니다. 전화위복轉禍爲福, 즉 화가 바뀌어 복이 된다는 말처럼 안 좋은 일처럼 보이는 것이 사실 당신에게는 최고의 깨달음을 주는 시험이고 행운의 꼬리일 수도 있습니다. 그래서 그것을 있는 힘껏 움켜쥐고 따라가다 보면 곧 커다란 행운이 찾아오지요.

그러니 힘든 일을 만났다면 잠시 진정한 모습을 감춘 행운의 꼬리라고 여기며 단단히 붙잡고 놓치지 마세요. 제트코스터라도 탔다는 생각으로 아무리 흔들려도 손을 놓지 말고 즐겨보세요. 결국 그런 사람이 마지막에 웃게 됩니다.

Question * 지금 닥친 시련은 장차 어떤 행운을 가져올까요?

인생이 편해지는
사소한 깨달음

　　　사람은 무의식적으로 세상에서 당연하다고 여기는 것들을 자신에게 꿰맞추려고 합니다. 모두가 가지고 있는 것처럼 보이니 자신도 그것을 가지고 있어야 한다고 생각하는 것입니다. 또 주위와 비교해서 '나는 좀 부족해', '저 사람이 더 잘난 것 같아'라며 콤플렉스를 품는 일도 아주 흔합니다. 사실은 있는 그대로의 모습으로도 충분하고 오히려 그 모습이 아니면 자신만의 개성과 소중한 보물을 잃어버리는데도 그것을 모릅니다. '이런 일도 제대로 해내지 못하는 나 자신이 부끄러워', '재능이 없으면 출세하지 못할 거야', '나는 얼굴이 못생겨서 아무도 나를 좋아하지 않을 거야'라며 자신을 부정하지요.

하지만 언제까지고 남과 나를 비교하는 데에만 머물러 있다면 인생의 고통은 사라지지 않습니다. 사람은 완벽해질 수 없으므로 아무리 노력해도 어딘가 부족한 부분은 늘 있기 마련입니다. 죽을 만큼 힘들게 공부해서 어렵게 좋은 대학에 들어간 사람이 새로운 경쟁자와 스스로를 비교하면서 그 차이에 주눅이 들어 자신을 잃고 이전만 못하게 되었다는 이야기가 흔히 돌아다닙니다. 사회에 나온 뒤에 새로운 환경에서 펼쳐지는 심한 경쟁을 이기지 못하고 꺾여버리는 사람도 많습니다. 이처럼 비교의 세계에 한번 들어서면 끝이 없습니다.

동경하는 인물을 흠모하면서 그 사람의 훌륭한 면모를 따라가겠다고 마음먹는 것은 좋은 일입니다. 하지만 상대방과 나를 비교하면서 부족한 자신을 비하하는 것은 다른 문제입니다. 나를 다른 사람과 비교할수록 열등감이나 삐뚤어진 우월감이 생길 뿐이라서 점점 더 불행해질 뿐입니다.

다만 과거의 자기 자신과 지금의 나를 비교하는 것은

사이토 히토리의 어떻게 살 것인가

괜찮습니다. 아주 사소한 부분이라도 이전보다 더 성장했다면 크게 칭찬해주세요. 무릇 사람은 항상 성장하는 법이라 과거의 자기 자신보다 더 못나지는 일은 없습니다. 저는 언제라도 자신을 칭찬하는 것이 정답이라고 생각하며 살아왔습니다.

다른 사람들과 나의 차이에 주안점을 두지 않으면 고민의 대부분이 사라지고 사는 것이 무척 편해집니다. 그럴 수 있게 되었을 때 흔히 '깨달음을 얻었다'라고 합니다. 깨달음이란 다른 사람과 자신 사이에 있는 차이를 없애는 것을 의미하기 때문입니다.

어떻게 하면 나와 다른 사람 사이의 차이를 없앨 수 있을까요? 오늘도 살아 있다는 것, 몸을 자유롭게 움직일 수 있다는 것, 안심하고 살아갈 집이 있다는 것, 가족이 있다는 것, 내가 할 수 있는 일이 있다는 것까지 모든 일에 감사한 마음을 가지면 됩니다. 우리가 감사해야 하는 일을 일일이 열거하자면 끝이 없습니다. 지금까지 당연하게 여겨왔던 일상적인 일들에 시선을 돌리고 감사하세요.

다른 사람과 나를 비교하게 되는 가장 큰 이유는 자신

에게 없는 것만 바라보는 습관 때문입니다. 그러지 말고 자신이 이미 가지고 있는 것에 눈을 돌려보세요. 진정한 자기 자신은 이미 많은 것들로 채워져 있다는 사실을 깨달으면 더는 다른 누군가와 비교하지 않아도 행복을 느낄 수 있을 것입니다.

Question ✳ 과거의 나보다 더 성장한 모습을 칭찬해주었나요?

이 장의 가르침

---✳---

하나 행복의 기운을 자가발전하라.

둘 천국의 말을 사용하는 전문가가 되라.

셋 감사에는 신과 같은 파동이 있다.

넷 옳은 일이라면 혼자서라도 해내겠다는 각오로 임하자.

다섯 고마움을 모르는 사람을 멀리하라.

여섯 무조건적으로 내 편을 들어주자.

일곱 미소와 윤기가 있는 얼굴이 최고의 관상이다.

여덟 지구라는 행동의 별에서 마음껏 즐기자.

아홉 힘든 순간에는 '일이 재미있어지는군'이라고 생각하라.

열 진정한 당신은 이미 풍요롭다.

행복은 부처가 줄 수 있는 선물이 아니다.
행복은 당신의 행동으로부터 나온다.

텐진 갸초 Tenzin Gyatso, 1935~
14대 달라이 라마

*

3장

인연

모든 관계에는
적당한 거리가 있다

自 習 因 成 生
尊 慣 緣 功 死

어떤 상황이든
나의 기쁨이 최우선이다

산에서 조난자가 생기면 구조대는 구조 작업에 필요한 온갖 도구를 들고 출동합니다. 이때 챙기는 도구는 조난자를 구하는 데도 도움이 되지만 구조대가 자신의 생명을 지키는 데도 꼭 필요합니다. 도우러 간 구조대까지 다쳐서 움직이지 못한다면 조난자를 도울 수도 없을뿐더러 도움이 필요한 사람이 더 늘어나는 결과만 가져옵니다.

우리의 삶도 마찬가지입니다. 다른 사람을 돕고 싶다면 우선 자기 자신의 안전부터 확보해야 합니다. 우리의 마음도 이와 같아서 내가 먼저 행복을 느껴야 비로소 다른 사람도 행복해질 수 있게 도울 수 있습니다. 말하자면 나의 행복이 구조대원의 작업 도구인 셈이지요.

인간은 즐거운 것보다도 불안이나 공포에 반응하기 쉽습니다. 몸에 위험이 닥쳤을 때 순간적으로 도망치거나 반격하지 않으면 생명을 잃을 수 있기 때문에 인간의 뇌는 위험에서 벗어나는 것을 최우선으로 고려하도록 만들어져 있습니다. 그래서 불안과 공포는 인간이 가진 기능 가운데 가장 중요한 방어 본능이기도 합니다.

이러한 본능은 생존과 직결되기 때문에 이겨내기가 쉽지 않습니다. 그래서 아무리 의식적으로 밝게 지내려고 해도 부정적인 감정에 더 민감하게 반응하고 금방 물들어버리고 맙니다. 그런데 고민하고 불안해하는 사람에게서는 어둡고 무거운 파동이 나오기 마련입니다. 그런 상대방을 '충만한 행복'이라는 도구도 없이 도우려고 하는 것은 산악 구조대가 맨손으로 산에 들어가는 것과 똑같습니다. 우리 역시도 순식간에 어둠 속에 휘말려버리고 마니까요. 동정하고 상처를 위로하며 불만과 불평을 주고받다 보면 서로의 파동을 약화시키면서 함께 나락으로 떨어질 뿐입니다.

반대로 밝은 파동을 강력히 내뿜는 사람은 어떤 어둠이 닥쳐와도 꿈쩍하지 않습니다. 그러기는커녕 이쪽의 강렬한 빛으로 상대방의 마음까지 밝게 비추어주지요. 그러면 이런저런 문제로 고민하던 사람도 마음이 가벼워지면서 절로 미소가 터져 나와요. 이렇게 곁에서 좋은 파동을 끌어올려주면 그 사람의 문제는 자연스럽게 해결됩니다. 저는 늘 이렇게 주위의 파동을 끌어올려왔습니다.

밝은 파동을 지닌 사람은 그저 존재만으로도 주위 사람들의 운세를 높여줍니다. 그러니 나를 제쳐두고 다른 사람을 구하려고 애쓸 필요는 없습니다. 당신이 행복해지면 당신 주변의 문제를 가진 사람도 모두 일이 잘 풀리기 마련입니다. 다른 사람을 돕는 방법으로 이것보다 더 좋은 방법은 없습니다.

Question ✳ 지금 남을 도울 수 있을 만큼 충분히 행복한가요?

친구는 필요한 만큼만
있으면 충분하다

일본에는 〈1학년이 되면 친구가 100명 생길까?〉라는 동요가 있을 정도로 친구가 많을수록 좋다는 인식이 널리 퍼져 있습니다. 어른이 아이에게 "친한 친구는 몇 명이니?" 하고 묻는 일도 많지요. 하지만 저는 이런 상황을 친구가 적은 것은 좋지 않으니 친구를 많이 만들기 위해 노력해야 한다는 압박처럼 느낍니다.

친구가 많은 사람이 잘못되었다는 의미는 아닙니다. 친구가 많이 필요한 사람은 백 명이든 천 명이든 원하는 만큼 사귀면 됩니다. 그런 사람은 원래부터 친구가 많을수록 행복한 성격일 테니까요. 다만 이를 모든 사람에게 강요하는 것은 바람직하지 않다는 의미입니다.

아이든 어른이든 사람은 저마다 성격이 다릅니다. 사람들을 널리 사귀기를 좋아하는 사교적인 유형이 있는가 하면 정말로 잘 맞는 상대하고만 깊이 교류하는 유형도 있고 혼자 있는 시간을 좋아하는 유형도 있습니다. 그런데 오로지 한 가지만 좋다고 여기는 분위기가 형성되면 그 외의 유형에 속하는 사람들은 고통스러울 수밖에 없습니다. 많은 사람과 관계를 맺는 것이 어려운 사람에게 친구를 백 명이나 사귀라고 강요하는 것은 곤혹스러운 일입니다. 제게는 따돌림과 다르지 않게 보일 정도이지요. 혼자 있을 때가 행복한 사람은 친구가 적어도, 심지어 아예 없어도 아무런 문제가 없습니다. 스스로 자신의 친구가 되면 그걸로 충분합니다. 나도 상대방도 행복해질 수 있는 인간관계는 인원수의 문제가 아닙니다. 사람의 행복은 숫자로 잴 수 있는 것이 아니기 때문입니다. 행복할 줄 아는 사람은 친구가 많든 적든 행복해질 수 있습니다. 불행한 사람은 친구가 많든 적든 불행하지요.

저는 항상 '눈앞에 있는 좋은 사람이 가장 큰 재산'이라고 강조하지만 여기에도 예외는 있습니다. 눈앞에 있는 사람이 좋은 사람이 아닐 때입니다. 이때는 애당초 교류해서는 안 되지요. 하지만 이런 특수한 경우를 제외하면 행복과 불행은 눈앞에 있는 좋은 사람을 얼마나 소중히 여기느냐에 달려 있습니다. 친구가 많든 적든 지금 곁에 있는 좋은 사람을 소중하게 여겨야 합니다. 그리고 나와 누구보다 가장 가까운 존재는 바로 나 자신입니다. 결국 어디서 무엇을 하더라도 자신이 가장 소중한 존재라는 이야기입니다.

우리의 가장 큰 재산은 자기 자신이며 행복의 열쇠는 스스로 쥐고 있습니다. 그 사실을 깨닫는다면 친구가 많든 적든, 심지어 친구가 아예 없어도 틀림없이 행복해질 수 있습니다.

Question ＊ 나는 친구를 얼마만큼 사귀어야 만족할까요?

우리에게는 '하지 않을' 권리가 있다

───────── 어린 시절 저는 공부를 아주 싫어했습니다. 수업 시간에는 좀처럼 집중하지 못했고 숙제도 제대로 해간 적이 없었습니다. 지각과 결석을 밥 먹듯이 했고요. 다만 학교 자체는 좋아했습니다. 친구들과 노는 시간이 즐거워서 오로지 그것만을 위해 학교에 가고는 했지요. 보통 학교에 오지 않는 아이들은 친구도 별로 없는데 저는 조금 달랐습니다. 제가 결석한 날에도 방과 후에 여러 친구가 우리 집을 찾아왔을 정도이니 말입니다.

제대로 출석도 하지 않는 제 주변에 친구들이 가득했다는 것이 의외일 수도 있습니다. 저도 그 이유를 생각해본 적이 있는데, 사람에게는 어떤 일을 '하지 않을' 권리가 있다는 점을 제가 당당하게 행동으로 보여주었기 때문이 아닐까 합니다. 저는 학교에 가지 않는다고 비굴해지기는커녕 원하는 대로 살면서 활기차고 생기 넘치게 행동했습니다. 사람은 환한 빛을 좋아하기 마련이므로 그런 저의 밝은 면모가 모두를 매료시킨 것이라고 생각합니다. 어쨌든 저는 학교를 자주 빠지고 공부도 제대로 하지 않았지만 누구보다도 충실한 학창 시절을 보냈다고 자부합니다.

보통 사람들은 의무교육 과정인 초등학교와 중학교를 '반드시 가야 한다'라고 생각하기 때문에 그 기준에서 벗어나는 아이를 과도하게 걱정합니다. 하지만 아이들 역시 기질이 다양해요. 저처럼 학교나 공부에 전혀 맞지 않는 아이도 있습니다. 그런 아이는 오히려 억지로 학교에 가다가 자기 자신을 잃거나 망가지기도 합니다. 그렇게 되기 전에 아이에게도 학교에 가지 않을 권리가 있다는 사실을 알려주어야 합니다. 그러기 위해서는 먼저 주변의 어른들이 '꼭 학교에 가야 하는 것은 아니다', '사람 맞고 안 맞는 것이 있다'라는 사실을 알아야겠지요.

사람은 저마다 좋아하는 일과 어려워하는 일이 있고 자신이 좋아하고 잘하는 것을 해야 자기답게 살아갈 수 있습니다. 붉은 꽃은 붉게 필 수밖에 없고 붉게 피었을 때 가장 아름답습니다. 그런데 전혀 다른 푸른 꽃을 피우라고 하면 그런 말을 듣는 사람도 괴롭지만 강요하는 사람 역시 제 뜻대로 되지 않아 힘이 들 것입니다. 누구에게도 득이 되지 않고 모두가 고통스러워질 뿐입니다.

붉은 꽃은 붉은 꽃을 피우며 당당하게 살아가야 합니다. 그 속에서 다른 누구보다도 아름다운 붉은색을 띠기 위해, 가장 큰 꽃을 피우기 위해 자기 자신을 갈고닦는 것이 올바른 길입니다.

Question ✻ 남에게 내 기준을 강요한 적은 없었나요?

나쁜 인연과
거리를 두는 공부

우리는 살아가면서 좋은 인연과 나쁜 인연을 고루 만납니다. 하지만 어디까지나 인간의 좁은 관점에서 안 좋아 보일 뿐, 진정한 의미의 '악연'은 존재하지 않습니다. 앞에서 말했듯이 나도 상대방도 신의 분신이니까요. 그저 신이 우리에게 커다란 가르침을 주기 위해 시련의 형태로 그런 사람을 보낸 것일 뿐입니다.

나쁜 인연을 만나도 배울 점이 있다는 말이 이상하게 느껴질 수도 있지만, 우리는 이때 인생에서 가장 큰 교훈을 배웁니다. 바로 '나쁜 인연을 끊어내기로 결심하고 행동에 옮기는 일'이지요. 이상한 사람을 만났다면 가만히 곁에 있지 말고 빨리 거리를 두어야 합니다. 절대 상대방이 말하는 대로 따르거나 깊이 얽혀서는 안 됩니다. 그 만남은 이러한 결심을 배우는 공부인 셈이에요. 그래서 참기만 하는 사람에게는 연달아 나쁜 인연이 나타나고는 합니다. 고통스러워서 비명을 지르는 영혼을 보다 못한 신이 이제 그만 참으라는 뜻에서 막다른 길 같은 상황을 만들기 때문입니다.

신은 빛과 사랑입니다. 자식이 울고 있으면 어떻게든 도와주려고 하지요. 그런데 신에게는 육체가 없으니 말로 전할 수는 없습니다. 그래서 '지금의 그 삶은 틀렸어', '저쪽으로 가면 안 돼'라고 알려주기 위해서 안 좋은 일을 만들어냅니다. 신의 계시를 알아차리지 못하는 사람이라도 안 좋은 일만 계속 일어나면 조만간 놀라서 멈출 테니까요. 그렇게 생각하면 이상한 사람을 만나는 것도 사실은 신의 사랑인 것이지요.

그러니 만약 당신 앞에 그런 사람이 나타난다면 거리를 두는 연습을 해보세요. 무언가 함께하자고 권해도 '다른 일이 있어서 미안하다'라고 거절을 반복하면 상대방도 싫은 기색을 보일 테니 안심할 수 있습니다. 그런 사람이 좋다고 따라다니면 오히려 더 큰일이니까요. 이상한 사람에게는 오히려 미움을 받고 무시당하는 편이 더 낫습니다.

마찬가지로 폭력(언어폭력도 포함)을 행사하는 배우자가 있다면 도망쳐서라도 벗어나야만 해요. 상대방이 이혼에 응해주지 않으니 어쩔 수 없다며 한탄하고 있을 상황이 아닙니다. '그 사람에게도 좋은 점이 있다', '친절할 때도 있다'라며 인정으로 덮으려고 하면 문제가 점점 심해져서 해결하기 힘들어집니다.

나쁜 인연을 끊어내지 못하면 지금의 문제에서는 어떻게 도망친다고 해도 이후에 또다시 비슷한 사람이 나타나서 당신의 에너지를 뺏으려고 할 것입니다. 결심하고 행동하기 전까지 같은 상황이 계속 되풀이되는 것이지요. 하지만 굳게 마음먹고 끊어낸다면 순식간에 밝은 미래의 막이 열리면서 당신의 길을 즐겁게 살아갈 수 있을 것입니다.

Question ✳ 나를 힘들게 하는 나쁜 인연과 어떻게 해야 멀어질 수 있을까요?

타인은 절대
내가 바꿀 수 없다

살다 보면 때로는 명백히 잘못된 행동을 하는 사람들을 종종 마주칩니다. 금연 구역에서 담배를 피우거나 쓰레기를 길에 함부로 버리고 난폭하게 운전하는 모습을 보면 기분이 좋지 않습니다. 규칙과 매너를 지키면 모두가 기분 좋게 지낼 수 있다고 생각하는 입장에서는 자기 멋대로 행동하는 다른 사람들의 모습이 도무지 납득이 되지 않습니다. 보고 있노라면 화가 치밀 때도 있지요.

하지만 이렇게 많은 사람이 한데 어울려 살아가는 세상이니 자신이 규칙을 어기고 주위에 피해를 준다는 사실을 알아차리지 못하는 사람이 있는 것도 당연합니다. 그리고 안타깝게도 우리는 다른 사람의 생각과 삶의 방식을 바꿀 능력이 없습니다. 아무리 그 사람이 객관적으로 잘못된 행동을 하고 있더라도 말이지요. 내가 바꿀 수 있는 것은 오로지 나 자신뿐입니다. 잘못된 행동을 하는 사람도 본인 스스로 '이렇게 하면 안 된다'라고 깨닫고 자신을 바꾸지 않는 한 방법이 없습니다.

우리가 스스로 바꿀 수 없는 일에 일일이 화를 내다 보면 밖에 나갈 때마다 피곤해질 것입니다. 그런데 그 때문에 기분이 안 좋아지면 그 파동이 우리의 운기까지 나쁘게 만들어버립니다. 불쾌한 기분만으로도 이미 큰 손해를 본 상황인데, 이상한 사람 때문에 운기마저 떨어뜨릴 수는 없는 노릇입니다. 그러니 너무 의식하지 말고 정말로 나쁘고 위험한 사람이라면 경찰에 맡기면 됩니다. 범죄라고까지 할 수 없는 규칙 위반 정도일 때는 '나만큼은 절대 저런 행동을 하지 말아야지' 하고 마음먹는 것으로 충분합니다.

정의감이 강한 성격이라면 규칙을 지키지 않는 사람에게 한 소리 하고 싶어질 수도 있습니다. 나뿐만 아니라 모두가 불편하게 여기고 있을 테니까요. 상황에 따라서는 그런 대처가 효과를 발휘할 때도 있지만 상대방이 화가 나서 폭언이나 폭력을 행사할 가능성도 있습니다. 최악의 경우 생명의 위협을 받기도 하지요. 아무리 올바른 일이라도 그 행동 때문에 크게 다치거나 생명을 잃는다면 아무런 이득도 없습니다. 이때는 정의보다 안전을 선택하세요. 그리고 '나만큼은 저렇게 하지 말아야지' 하고 깨달음을 얻으면 됩니다.

물론 가능한 범위 내에서 자신이 할 수 있는 일을 하는 것은 훌륭합니다. 누군가가 버린 쓰레기를 조용히 주워서 쓰레기통에 버리는 정도라면 위해를 입을 일도 없고 좋은 일을 했으니 기분도 좋을 것입니다. 그럴 때는 나 자신을 평소보다도 더 크게 칭찬해주세요.

Question ✳ 남의 행동에 화가 날 때 어떻게 대처하면 좋을까요?

사람은 서로
마주 보는 거울과 같다

인간관계에 대해 이야기하다 보면 젊은 사람들에게 자주 이런 질문을 받습니다.

"좋아하는 사람에게 어떻게 다가가면 좋을까요?"

여기에 '이렇게 하면 된다'라는 정답이 있다면 전부 알려주고 싶지만 안타깝게도 이 문제는 그렇게 쉽지 않은 것 같습니다. 사람들마다 취향이 다르고 마음을 울리는 말이나 행동도 제각각이라서 저도 전혀 감이 오지 않을 때가 많거든요. 어떤 사람에게는 효과적인 방법이 다른 상대에게는 통하지 않을 때도 많습니다. 사람의 개성은 모두 다르니까요. 그래서 세상에 이루지 못하는 사랑으로 고민하는 이들이 넘쳐나는 것이겠지요.

다만 사람과의 관계는 부모 자식간이든 친구 혹은 연인이든 기본은 모두 같습니다. 상대방에게 사랑받고 싶다면 먼저 자기 자신을 사랑해야 한다는 사실 말이지요. 다른 사람에게 사랑받고 싶고 상대방의 마음에 들고 싶어서 애쓰는 것보다도 자신을 사랑하는 데 전념하는 것이 우선입니다.

자신을 사랑하면 사랑이 어떤 느낌이며 그 사랑을 어떻게 표현해야 상대방이 기분 좋고 편안하게 여기는지 잘 알 수 있습니다. 사랑은 이론이 아니에요. 스스로 몸으로 느꼈을 때 비로소 이해할 수 있는 감정입니다. 자신을 사랑하고 사랑이 어떤 것인지를 알면 자연스럽게 그 사랑이 나의 주위를 향해 넘쳐나는 법입니다. 상대방이 기뻐하고 편안해하는 형태로 사랑을 표현할 수 있게 되는 것이지요.

모두에게 넘쳐나는 사랑을 전하다 보면 사랑을 받은 사람도 기분이 좋아집니다. 당신의 다정함과 친절함을 느끼고 '이 사람과 함께 있으면 안심할 수 있구나', '이 사람과 있으면 참 편안하다'라고 느낍니다. 그러다 보면 분명 당신과 연인이 되고 싶어 하는 사람도 나타날 것입니다. 그중에는 당신 취향에 맞는 사람도 있을 테고요.

인간관계는 서로 마주 보고 있는 거울과 같습니다. 자신을 사랑하고 소중히 여기는 사람은 주변에서도 사랑받습니다. 반대로 자기 자신에게 친절하지 못한 사람은 주변에서도 '이 사람은 함부로 대해도 돼'라고 여기게 만들어서 소중한 존재로 대우받지 못합니다.

다른 사람에게 사랑받고 싶다면 자신이 먼저 이상적인 사랑을 베풀어야 합니다. 그 사랑은 자신을 사랑하는 것부터 시작되지요. 거듭 말한 것처럼 가장 먼저 나 자신을 존중해야 합니다. 멀리 돌아가는 것처럼 보일 수도 있지만 사실은 이것이 가장 빠르고 좋은 결과를 가져오는 길입니다. 유일한 방법이기도 하지요.

Question ＊ 남들에게 사랑받을 수 있을 만큼 나는 스스로를 아껴주고 있나요?

가벼운 마음으로
사랑하라

사랑을 한다는 건 그 자체만으로도 아주 멋진 일입니다. 좋아하는 사람이 있으면 세상은 빛나고 가슴이 두근거리며 기분은 날아갈 듯합니다. '살아 있다는 건 참 좋구나, 인생이란 정말 즐거워'와 같은 기분이 들지요. 인생이 단번에 밝게 빛나는 귀한 체험이니 사랑을 한다는 경험 자체로 이미 무엇과도 비할 수 없는 선물을 받은 셈입니다.

사랑에 빠지기만 해도 마음은 충만해지고 기분이 좋아집니다. 설령 상대방이 내 마음을 알아주지 않더라도 사랑의 감정을 느끼게 해준 상대방에게 감사하는 마음을 갖게 됩니다. 상대방도 나를 좋아한다면 더할 나위 없이 기쁘겠지만 이루어지지 않는 사랑이라도 행복한 것이 바로 사랑입니다.

그러니 사랑의 결과에 너무 연연하지 마세요. 저는 '이 사람은 늘 좋은 사랑을 하고 있구나' 싶은 사람 중에 상대방에게 집착하는 사람을 본 적이 없습니다. 상대방도 나를 좋아해주었으면 좋겠다는 집착 대신 감사하는 마음으로 사랑을 즐기다 보면 오히려 상대방의 반응이 더 좋아지는 것처럼 보였지요.

누구든 집착에서 벗어나고 싶어 합니다. 첫 만남에서 호감을 느낀 사람이라도 내면이 끈질기다는 사실을 알면 환멸을 느끼기도 합니다. 반대로 상대방이 우리의 자유를 뺏지 않고 조용한 친절과 감사를 표한다면 처음에는 크지 않았던 마음도 점차 커져갑니다. 부담스럽지 않은 마음으로 좋아해주는 편이 사랑을 받는 입장에서도 더 기쁘게 여겨져요.

물론 아무리 자연스럽게 사랑을 전해도 상대방이 나를 보아주지 않을 때가 있습니다. 그 사람에게도 나름의 취향이 있고 연인을 선택할 권리가 있으니까요. 그럴 때는 '다른 좋은 인연이 있어서 잘되지 않은 거구나' 하고 생각하세요. 다음에 만날 사람이 나에게는 더 좋은 상대이기 때문에 지금 마음이 가는 사람과 잘되지 않은 것이라고 말입니다. 이렇게 즐겁게 사랑하면 그 모습을 보던 누군가가 당신에게 호감을 느낄지도 모릅니다. 사랑을 하고 그 사실 자체에 감사하는 사람은 무척 매력적이기 때문입니다.

또 거절당한들 어떤가요. '이 사람은 내 매력을 모르는구나' 하고 바로 다른 사람에게 갈 수 있는 가벼운 마음을 가지세요. 세상에는 사람이 차고 넘쳐납니다. 멀리 갈 필요 없이 우리가 사는 나라 안에서만도 수백만 명, 수천만 명의 연인 후보자가 존재하니 단 한 사람에게 거절당했다고 해서 의기소침해질 이유가 없습니다.

계속해서 많은 사랑을 하기를 바랍니다.

Question ✳ 사랑하고 있다는 사실에 감사를 느낀 적이 있나요?

사이토 히토리의 어떻게 살 것인가

"웃기는 소리 하지 마"
라고 말하라

최근에는 서로의 자유를 존중하는 부부도 늘어난 듯한데 그럼에도 여전히 '남편이 너무 고지식하다' 라든가 '부인이 잔소리가 많다'라고 하소연하는 사람을 종종 만납니다. 어디 놀러 갈 때면 배우자의 눈치를 봐야 한다든가, 외출했는데도 번번이 "몇 시에 들어올 거야?" 하고 재촉해서 마음이 불안하다든가, 마음에 드는 물건을 사서 귀가하면 "또 쓸데없는 곳에 돈을 썼어?", "너무 화려하잖아. 나이에 맞는 차림새를 하라고" 하며 싫은 소리를 하는 사례가 제법 있는 것 같습니다.

물론 이런 경우에는 상대방의 관용이 부족한 것이 가

장 큰 문제겠지만, 가만히 보고 있노라면 그런 압박을 받는 사람도 늘 당하기만 하는 것 같아서 답답한 느낌도 듭니다. 불평을 하면서도 결국 상대방이 하는 말을 들어주는데 제 생각에는 완전히 잘못된 대처입니다. 저쪽에서 이런저런 잔소리를 해도 시키는 대로 하지 않으면 그만입니다. 싫은 마음을 명확하게 표현하거나 그러지 못할 때는 마음속으로라도 '웃기는 소리 하지 마', '다음에 또 그러면 진짜 용서 안 할 거야' 하고 반격하면서 자신의 파동을 강하게 만들어야 합니다. 묵묵히 상대방이 시키는 대로 들어주기만 하면 참는 파동이 강해지기 때문에 계속 인내를 강요당하게 됩니다. 반면에 상대방은 기세등등해져서 그런 행동이 점점 심해지지요.

가고 싶은 곳에 가고 좋아하는 것을 즐기는 자유는 누구나 가져야 할 권리입니다. 상대가 배우자든 부모든 간섭할 권리는 없습니다. 소중한 사람이 좋아하는 일을 못하게 막는 것만큼 무정한 행위도 없습니다. 진정한 사랑은 서로의 자유를 인정해주는 것입니다. 상대방을 노예처럼 속박하고 제 마음대로 움직이려고 한다면 인생을 살아가는 동반자로서 자격이 없는 것입니다. 배려가 부족한 것이지요.

저는 친구가 많습니다. 제게 친구란 무엇보다도 소중한 존재라서 무언가를 하지 말라거나 친구가 좋아하는 어떤 것이 별로라는 말은 일절 하지 않습니다. 친구가 쇼핑을 즐기고 오면 "좋은 거 샀구나", "잘 어울린다" 하고 칭찬해주고, 외출할 때는 "천천히 잘 놀다 와", "재밌는 시간 보내고 와" 하고 말해줍니다. 상대가 나를 생각해서 자신의 욕구를 참아서는 안 된다고 생각하기 때문이에요. 누군가와 함께 있을 때마다 이것도 못 하고 저것도 포기해야만 한다면 아예 만나지 않는 편이 훨씬 행복하지 않을까요? 저는 그런 상황이 싫습니다. "당신과 만나서 좋았다", "이것도 할 수 있고, 저것도 하게 해준다" 하는 말을 듣고 싶습니다. 저와 만나는 사람들은 전부 행복해졌으면 좋겠거든요.

사람은 저마다 취향이 있습니다. 좋아하는 음식도, 가고 싶은 곳도 다른 것이 당연합니다. 우연히도 같은 것을 좋아한다면 함께 즐기고 취향이 서로 다를 때는 각각 즐기면 됩니다. 그러한 것을 허용하지 않는 상대와는 오래 어울리기 힘듭니다. 저라면 절대로 만나지 않을 것입니다. 몇 년을 함께 한 배우자일지라도 이런 것을 서로 이해해줄 수 없다면 헤어지는 것이 낫습니다.

다른 사람의 자유를 뺏는 것은 신의 뜻에 반하는 행위입니다. 그래서 그런 짓을 더는 하지 않을 때까지 신에게서 '그 일을 그만두렴' 하는 계시가 계속해서 내려옵니다. 그 사람의 인생에 계속해서 시련이 닥치는 것입니다. 이때 내가 먼저 멀어진다면 상대방도 더는 자유를 뺏을 사람이 없어지겠지요. 그러면 나를 구속하던 사람도 비로소 '자유를 빼앗으면 다른 사람들이 도망가는구나' 하는 것을 배우고 마음을 고쳐먹을지도 모릅니다. 이렇게 생각하면 횡포가 심한 상대와의 이별은 나 자신을 위한 길일뿐만 아니라 상대방을 위한 길이기도 합니다.

Question ＊ 나의 아집으로 남을 구속한 적은 없었나요?

마음대로 행동할 수 있는
관계가 좋은 관계다

저는 누군가와 식사할 때면 꼭 이렇게 말합니다.

"저를 신경 쓰지 마시고 좋아하는 음식을 시키세요. 배가 부르면 남겨도 됩니다."

그러면 상대방은 안심하고 자신이 좋아하는 음식을 주문할 수 있고, 자신의 속도와 양에 맞추어 식사를 즐깁니다. 자리가 절로 편안해지지요.

누구나 한두 가지쯤은 가리는 음식이 있고 무엇이든 잘 먹는 사람이라도 배가 부르면 그 이상 먹기가 고역일 것입니다. 그런데 같이 있는 사람의 눈치를 보느라 좋아하는 메뉴를 주문하지 못하거나 배가 부른데도 억지로 먹다 보면 식사 시간이 즐겁지 않겠지요. 저는 상대방이 누구라도 즐거운 시간을 보냈으면 합니다. 물론 역시 즐겁게 지내고 싶고요. 그러니 서로 눈치 보지 말자는 겁니다.

물론 무심한 것처럼 보여도 배려는 합니다. 대단한 것은 아니고 그저 '저것은 싫다'라든가 '이것은 좋아하지 않는다'라고 말하지 않는 정도입니다. 다행히 저는 음식에 크게 호불호가 없어서 무엇이든 맛있게 먹는 편이지만, 나온 음식 중에 먹지 못하는 것이 있어도 별말 없이 조용히 남깁니다. 주변 사람들이 그것을 이야기하면 "나중에 먹으려고 했는데 배가 불러서요" 하고 이야기하지요. 내가 안 먹는 음식이라도 그 자리에 있는 누군가는 그것을 굉장히 좋아할 수도 있으니까요. 그런데 그 앞에서 "저는 이런 음식 못 먹어요", "싫어해요" 하고 말해버리면 기분이 상하겠지요. 식사는 그 자리에 있는 사람의 '맛있네', '음식도 참 예쁘게 담았네'라는 공감이 오갈 때 더욱 맛있고 즐거워집니다. 그래서 어떤 요리가 나와도 저는 부정적인 발언은 하지 않습니다.

비단 식사에만 해당하는 이야기가 아닙니다. 상대방이 사람이든 사물이든 다르지 않습니다. 자기도 모르게 "나는 저런 사람 싫어"라든가 "이건 싫어"라고 말해버리면 듣는 사람을 불쾌하게 만들 수 있습니다. 게다가 그런 발언은 자주 상대방의 동의를 구하는 분위기로 흘러갑니다. 험담을 듣고 거기에 동조하고 싶은 사람은 없으니 강요하는 듯한 분위기를 조성해서는 안 되겠지요. 누구에게든 험담을 하면 결국 사람들이 내 곁에서 떠나버릴 뿐입니다.

험담은 지옥의 말입니다. 사소한 발언이라도 지옥의 말은 그에 상응하는 지옥의 파동을 일으키기 마련입니다. 그런 말을 하면 결국 나만 손해를 보게 되니 주의하는 것이 좋습니다.

Question ✳ 무심코 배려 없는 발언을 한 적이 있나요?

✳

매력 있는 사람의
비밀

———— 당신이 어떤 사람의 외모나 행동을 보고 '품격이 넘치는 사람이네' 하고 감탄했는데 실제로 만났을 때 잘 웃지도 않고 말에 가시가 있으며 어두운 말을 많이 하는 모습만 보여준다면 그래도 그 사람이 기품이 있으며 매력적이라고 느낄까요? 대부분은 크게 실망해서 '진짜 모습은 그저 그러네'라고 생각할 것입니다.

우리가 누군가의 품격이나 기품을 칭찬하는 이유는 그 사람에게 매력을 느끼기 때문입니다. 그런데 거기에 사랑이 결여되어 있다는 사실을 깨닫는 순간 그 사람이 매력적이라는 느낌은 사라져버리고 맙니다. 사랑과 매

사이토 히토리의 어떻게 살 것인가

력은 같은 것이기 때문입니다. 사람들은 현명해서 아무
리 외모가 멋지고 능력이 좋아도 깊은 곳에 사랑이 없다
면 금세 마음이 떠납니다.

매력에는 우리가 사는 지구처럼 주위의 물체를 끌어
당기는 힘, 즉 인력이 있습니다. 지구는 굉장히 크지만
처음부터 지금의 모습은 아니었습니다. 우주에 표류하
는 미세한 물질 중에 인력을 지닌 것들이 서로 들러붙어
뭉쳐지면서 지금 우리가 아는 지구가 된 것이지요. 매력
도 마찬가지로 인력이 있어서 사람들을 끌어모읍니다.
게다가 파동의 법칙에 따라 매력적인 사람은 매력적인
사람을 끌어당기기 마련입니다. 그래서 자연히 그 사람
을 중심으로 주위 전체의 매력까지 커지면서 점점 더 많
은 사람에게 주목받게 됩니다. 제가 창업한 긴자마루칸
도 그러한 친구들과 함께 힘을 모은 덕분에 지금처럼 성
공할 수 있었습니다.

더러 자신에게는 매력이 없다고 말하는 사람도 있지
만 매력은 누구에게나 있습니다. 자신은 매력이 없다고
생각하는 사람은 착각하고 있는 것뿐입니다. 매력은 타
고나기도 하고 노력으로 키울 수도 있기 때문에 아무리

수수해 보이는 사람이라도 어떻게 사느냐에 따라 얼마든지 매력 넘치는 모습으로 거듭날 수 있습니다. 계속해서 사랑의 마음을 가지고 표현한다면 누구라도 지구처럼 인력을 지닌 매력을 갖출 수 있지요.

Question ✳ 나의 매력에는 어떤 것이 있을까요?

이 장의 가르침

---- ✳ ----

하나 나의 행복이 세상을 구한다.

둘 내 곁에 있는 좋은 사람이 최고의 자산이다.

셋 강요는 나도 상대방도 망친다.

넷 나쁜 인연도 신이 내게 준 선물이다.

다섯 내가 바꿀 수 없는 남의 행동에 고통받지 말라.

여섯 남에게 사랑받고 싶다면 먼저 스스로를 사랑하라.

일곱 가벼운 마음으로 사랑하는 순간을 즐기자.

여덟 구속하지 않는 것이 진정한 사랑이다.

아홉 험담은 말하는 사람만 손해다.

열 매력은 내가 품은 사랑에서 나온다.

믿음은 생각이 되고, 생각은 말이 된다.
말은 행동이, 행동은 습관이, 습관은 가치가 된다.
그리고 가치는 운명이 된다.

마하트마 간디 Mahatma Gandhi, 1869~1948
인도의 독립운동가이자 사상가

✳

4장

성공

즐거움을 따라가면
돈은 저절로 찾아온다

自 習 因 成 生
尊 慣 緣 功 死

가난할수록
부자처럼 살아라

───── 성경에 이런 구절이 있습니다.

"누구든지 가진 사람은 더 받게 되며 풍족하게 될 것이다. 누구든지 가지지 못한 자는 있는 것까지 빼앗기게 될 것이다."

이 구절을 문자 그대로 '부자는 점점 돈에 둘러싸이게 되고, 가난한 사람은 더욱 가난해진다'라고 해석하는 사람이 많습니다. 하지만 저의 생각은 조금 다릅니다. 저는 이 구절이 돈이나 지위, 명예가 아니라 '마음'의 풍요를 의미한다고 생각합니다.

마음이 풍요로운 사람은 점점 풍요로워지고 마음이

가난하면 계속해서 가난해진다는 의미를 담고 있다고 말입니다. 비슷한 파동이 서로를 끌어당긴다는 파동의 법칙에 따르면 마음이 풍요로운 사람, 즉 사랑으로 충만한 사람은 그 파동 덕분에 인생 전반이 풍요로워질 테니 돈이든 친구든 혹은 그 무엇이든 따라올 것입니다. 반면 사랑이 고갈되어 마음이 가난한 사람은 친구도 돈도 썰물처럼 달아나버립니다.

그러니 돈이 무척 곤궁한 상황에서 그 사실을 피력하며 돈을 달라고 기도하거나 다른 사람에게 부탁해도 아무 소용 없습니다. 궁핍한 파동을 내뿜으면 '돈이 없는 사람'이라는 사실이 강조되기 때문에 문제가 해결되기는커녕 돈 때문에 점점 힘들어질 뿐입니다. 돈이 필요할 때일수록 돈에 집착하면 안 됩니다. 사랑으로 마음을 채우고 스스로 행복의 파동을 만들어서 돈과 친구가 저절로 나를 찾을 수 있도록 만들어야 합니다.

돈 때문에 곤란한 상황에 처하면 절박한 심정이 들어 초조할 것입니다. 하지만 그럴 때일수록 차분하게 돈에 대한 걱정을 한편으로 밀어두고 이미 자신이 가지고 있는 것을 돌아보면서 깊이 감사를 느껴보세요.

'내 몸이 건강해서 참 감사하다.'

'가족들이 있어서 행복해.'

'일을 할 수 있어서 얼마나 다행이야.'

자신에게 없는 것만 바라볼 때는 그런 사실을 알아차리기 힘듭니다. 하지만 찬찬히 돌아보면 우리는 이미 많은 것을 가지고 있으며 충분히 풍요롭다는 사실을 깨닫게 됩니다. 마음이 채워지면 풍요의 파동이 형성되고 그러면 틀림없이 하늘도 우리를 돕습니다. 돈 문제든 다른 어떤 문제든 금방 해결될 거예요.

Question ✳ 풍요로운 파동을 지니려면 생각을 어떻게 바꾸어야 할까요?

누구보다 기쁘게
세금을 내는 이유

저는 돈에도 생각과 마음이 있다고 믿습니다. 돈을 인간의 발명품에 불과하다고 생각할 수도 있지만 우리 모두는 신의 다른 모습이기 때문에 결국 돈도 신이 만든 것이며 신의 사랑인 셈입니다. 그래서 돈도 사랑이 있는 사람, 밝은 사람을 좋아하고 그런 사람의 곁으로 가려고 합니다. 이렇게 모인 돈이 '좋은 사람이 있으니까 모두 여기 붙어라' 하며 다른 친구들까지 불러와서 점점 풍요로워지는 것이지요. 물론 그 반대도 마찬가지입니다. 사랑이 없는 사람, 어두운 사람에게는 돈이 모이지 않고 가지고 있던 돈도 달아나버립니다. 그래서 점점 더 가난해질 수밖에 없습니다.

우리도 좋은 물건이나 좋은 장소, 좋은 사람이 있으면 친구에게 알리고 널리 퍼트리고 싶어서 여기저기 소문을 냅니다. 그러면 사람들은 내가 좋다고 칭찬한 물건을 사거나 장소를 방문하고 사람을 만나러 가지요. 돈도 마찬가지여서 좋은 사람에게 더 많이 몰려들기 마련입니다. 그래서 저는 돈을 사람과 똑같이 소중히 여깁니다. 식사나 쇼핑을 하면서 돈을 지불할 때는 아주 좋아하는 친구와 잠시 헤어지는 느낌으로 떠나보내지요. '나한테 맛있는 음식을 먹게 해주어서 고마워. 즐거움을 주어서 참 좋았어' 하고 감사하는 것입니다.

세금을 낼 때도 비슷합니다. 돈을 너무 좋아하고 돈에 집착해서 세금을 내지 않으려 하는 것이 아니라, '이 돈은 세상을 편하게 하는 데 쓰일 거야', '모두에게 기쁨을 주겠지' 하는 생각으로 기분 좋게 냅니다. 제 입으로 말하기는 그렇지만 세무사가 저를 보고 이렇게 기쁘게 세금을 내는 사람을 본 적이 없다고 말했을 정도입니다. 그 결과 제게 점점 많은 돈이 모이게 되었고, 급기야 일본에서 납세액이 가장 많은 사람이 되었습니다. 감사하는 마음으로 기분 좋게 떠나보낸 돈이 친구들을 대거 이끌고 되돌아온 것입니다. 제가 돈을 소중히 여기고 돈에 사랑을 주었기 때문에 돈도 제게 사랑을 돌려주는 것이라고 생각합니다. 만약 돈이 얼마 들어왔다고 해서 돈을 함부로 취급하거나 수입을 속여서 세금을 적게 내려 했다면 일본 최고의 납세자가 될 정도로 큰 부를 이룩하지는 못했을 겁니다.

정말로 돈이 인간처럼 생각과 마음을 지니고 있느냐고 묻는다면 알 수 없는 일입니다. 저는 그렇게 믿고 있지만 어쩌면 그런 것은 없을지도 모릅니다. 증명할 방법이 없는 이야기이기 때문에 믿을 수 없다고 여길 수도 있겠지요. 하지만 저는 '백 퍼센트 부정할 수 없는 일이라면 실제로 존재할 수도 있다'라고 생각합니다.

어떤 사람이 돈으로 허세를 부리고 있다고 상상해봅시다. 돈에 생각 따위가 있을 리가 없다고 말하면서 돈을 펑펑 낭비하고 있다고 말입니다. 정말로 돈에 생각과 마음이 없다면 그렇게 함부로 대해도 괜찮을지 모르지요. 저는 돈에 생각과 마음이 있든 없든 낭비를 좋아하지 않지만 사람의 생각은 저마다 다르니까요. 다만 돈에도 생각과 마음이 있다고 생각한다면 저절로 그런 행동을 하지 않게 될 것입니다. 돈도 자신(돈)을 이용해 허세를 부리는 이상한 사람, 자신을 소중히 여기지 않는 사람 곁에 머물고 싶지 않다고 생각하게 될 테니까요. 그래서 저는 돈에도 생각과 마음이 있다는 전제로 살아갑니다. 덕분에 돈의 사랑을 많이 받고 있으니 틀린 생각은 아닌 것 같네요.

Question ＊ 내게 기쁨을 주는 돈을 귀중히 대하고 있나요?

절약은 궁상이 아닌
낭비를 줄이는 게임

사람들이 하는 고민을 들어보면 대체로 비슷하고 그 종류가 얼마 되지 않습니다. 자기 자신의 문제 아니면 인간관계 정도지요. 물론 돈도 주요한 고민거리 중 하나인데 특히 돈 문제를 많이들 어렵게 생각하는 것 같더군요. 하지만 지나치게 심각한 자세도 좋지 않습니다. 심각함은 파동을 무겁고 둔하게 만들어서 아무런 문제도 해결하지 못하기 때문입니다. 그 결과 고민만 깊어질 뿐이니 파동은 더더욱 무거워지지요.

돈 문제는 사실 무척 단순합니다. 결코 어려운 이야기가 아니에요. 한 달에 버는 돈의 10퍼센트를 저축하고 남은 돈으로 생활한다고 생각하면 됩니다. 저축은 예측하지 못한 사태나 미래에 돈이 필요해질 수 있는 상황을 대비하는 것이니 10퍼센트씩 저축하기 어렵다면 가능한 범위 안에서 하면 됩니다. 핵심은 돈을 모으는 일, 즉 '저축'에 대한 생각을 하는 것입니다.

항상 돈이 없다고 느낀다면 과한 사치를 부리지는 않는지 생각해보아야 합니다. 쓸데없는 일에 돈을 쓰지는 않았는지, 그 때문에 정말 돈을 써야 할 일이 생겼을 때 곤궁하지는 않았는지 돌아보세요. 물론 돈이 부족할 때 부업이나 이직을 고려하는 것도 한 가지 방법입니다. 조금 더 일할 수 있다면 일을 더 많이 해서 수입을 늘리는 것도 좋습니다. 그런 궁리도 하지 않고 돈을 쓰는 것만 생각하면 당연히 생활은 어려워질 수밖에 없습니다. 수입 중 얼마간을 저축하면 돈이 쌓이고 수입보다 돈을 더 많이 쓰면 잔고가 줄어드는 것은 당연한 이치입니다. 대단한 통찰이 아니라 그저 단순한 덧셈, 뺄셈의 문제이지요.

수입에 걸맞게 지출을 조절했을 때 무엇보다 큰 장점은 경제적인 불안을 해소할 수 있다는 점입니다. 게다가

지갑뿐만 아니라 마음에도 여유가 생기지요. 저축된 돈이 있으면 안심이 되고 정해진 금액 속에서 살림을 잘 꾸려나가다 보면 '이번 달도 잘 해냈네' 하는 성취감도 느낄 수 있습니다. 마음에 여유가 있으면 편안한 미래가 펼쳐지는 법이니 처음에는 힘들더라도 조만간 풍족한 생활을 할 수 있게 될 겁니다.

정해진 틀 안에서 생계를 꾸려가는 것이 어렵게 느껴질 수도 있습니다. 절약하는 삶이 너무 궁상맞다거나 비참하다고 여기는 사람도 있고요. 하지만 저라면 낭비를 줄이는 게임이라고 생각하고 그 과정까지 즐길 것입니다. 절약하기로 마음먹고 행동에 옮기는 중에 '나는 인생에서 무엇을 중요하게 생각해왔을까' 하고 되돌아볼 수도 있습니다. 절약이라는 제한이 생기면 그동안 보이지 않던 것도 새롭게 발견할 수 있을 것입니다.

Question ✳ 평소 과한 사치를 부리고 있지는 않나요?

남의 문제를
대신 해결해주지 말라

———— 우리는 영혼을 반짝반짝하게 갈고닦기 위해 이 세계에 태어났습니다. 그래서 영혼이 성장하면 새로운 수준에 맞는 고난도 수행을 하게 되지요. 예를 들면 가족이나 친한 친구처럼 가까운 사람 중에 도박중독으로 계속 빚을 지는 사람이 생긴다거나 하는 것입니다. 이런 일이 무슨 수행이냐고 생각할 수도 있지만 우리는 여기서도 새로운 것을 배울 수 있습니다. 바로 가족이나 친구의 문제가 '내 문제가 아님'을 깨닫는 것이지요. 참으로 어려운 수행 중 하나입니다.

소중한 사람이 문제에 시달리면 걱정스러워집니다.

인정상 어떻게든 그 문제를 대신 해결해주고 싶지요. 하지만 빚을 대신 갚아준다고 문제가 깨끗이 해결되지는 않습니다. 불쌍한 마음에 가족이나 친구가 진 빚을 대신 갚아주었더니 이후로도 그런 일이 계속되더라는 이야기가 흔하게 돌아다니는 것을 보면 말이지요.

도움을 받아서 단번에 문제를 끊어낼 수 있는 사람도 있겠지만 보통은 그렇지 않은 경우가 훨씬 많습니다. 좋은 마음으로 도와주어도 다시 원래 상태로 돌아간다면 아무런 의미가 없고 당사자가 바뀌지 않으면 점차 더 큰 문제가 발생할 테니까요.

빚은 빚을 진 당사자의 문제일 뿐 당신의 문제가 아니며 당신이 책임을 질 일은 더더욱 아닙니다. 그러니 아무리 소중한 상대라도 그의 문제를 내가 고민해서는 안 됩니다. 도박에 빠지면 어떻게 되는지, 빚을 많이 지면 어떤 일이 생기는지 배우는 과정이라고 여기고 그저 지켜봐야만 합니다. 필요 이상으로 과한 도움의 손길을 내밀면 정작 당사자는 '큰 문제가 아니었어. 또 누군가가 나를 도와주겠지' 하고 잘못 학습하게 됩니다. 그러면 근본적으로 달라지기는커녕 같은 잘못을 또 반복하고 말 것입니다.

그 사람을 도와주고 싶다면 애정 어린 시선으로 지켜보면서 돈이 아닌 다른 방법을 찾아보세요. 도박중독은 질병이므로 전문가와의 상담을 권유해보거나 당신이 즐겁게 일하는 모습을 보여주는 것도 좋습니다. 일을 해서 차근차근 돈을 버는 것이 도박보다도 훨씬 재미있다는 사실을 알려주는 것입니다. 또 당신이 가까이에서 늘 기분 좋은 상태를 유지하면서 밝은 파동을 보여주면 상대는 당신을 보고 더 즐거운 길을 선택하려 할 것입니다. 그러면 이후에는 상대방도 스스로 자신의 인생을 개척해나갈 힘을 기를 수 있습니다.

Question ＊ 금전 문제로 힘들어하는 사람에게 긍정적인 기운을 전해줄 방법에는 어떤 것이 있을까요?

불평불만 대신
멋진 척을 하라

풍요롭게 사는 방법은 간단합니다. 지금도 충분히 풍족한 듯이 살면 됩니다. 그러면 저절로 풍요의 파동이 형성되어 그에 맞는 현실이 만들어지지요. 다만 풍요로움이 어떤 형태로 나타날지는 신이 결정합니다. '이렇게 되면 좋겠지' 하고 생각한들 그대로 실현되지도 않고, 신이 하는 일은 늘 인간의 상상을 초월합니다. 제 경험을 돌아보아도 '우와, 이렇게 오는구나' 싶은 일들뿐이었습니다. 그러니 그저 지금도 충분히 풍요롭다고 생각하고 살면 되는 겁니다.

그렇다면 풍요로운 듯한 삶이란 어떤 것일까요? 거듭

말하지만 기분이 좋은 상태, 즉 사랑을 베풀고 밝은 미소를 잃지 않는 것을 의미합니다. 이런 사람은 신의 사랑을 받으므로 밝은 미래가 보장됩니다. 밝은 세계에 살기 때문에 돈이 부족할 일도 없고 인간관계도 일도 전부 잘 풀리지요. 결국 기분 좋은 상태를 유지하는 것은 풍요를 끌어들이는 마법과 같습니다.

반대로 가난한 생각은 인생을 빈곤하게 만듭니다. 지옥의 말이 많은 생각이나 경제적인 여유가 없다는 이유로 자신을 가난한 사람처럼 취급하는 생각 또는 그와 정반대로 인생은 돈이 다가 아니라며 허세를 부리는 생각도 가난한 생각입니다. 가난의 신은 이런 생각을 무척 좋아해서 그 생각에 계속 머무르려고 합니다. 그래서 불평불만만 늘어놓으면 정말로 가난해집니다. 그러니 평소 하는 생각부터 조심해야 합니다.

인색하게 구는 것도 가난한 생각에 속합니다. 예를 들어 아내가 옷을 샀는데 "돈이 아깝잖아"라고 말하는 남편이 있다고 해봅시다. 아내가 낭비를 너무 많이 해서 집안 살림이 아주 위태로운 상황이라면 주의를 주어야겠지만 가정 경제상 허용되는 범위에서 가끔 기분 전환을 하는 정도라면 그런 인색한 태도가 더 큰 문제입니다. 아내가 즐겁게 쇼핑하고 오면 "내년에는 더 좋은 것을 살 수 있도록 열심히 일할게" 하며 멋지게 말해주세요.

그렇게 멋진 척만 하면 뭐하냐고요? 잘나지도 않았는데 그런 흉내마저 내지 않는다면 어쩌자는 건가요? 사람은 멋진 척을 하는 것도 중요합니다. 정말로 그런 사람이 된 것처럼 행동하다 보면 점점 자각이 생기면서 진짜로 멋있어지고 그릇이 커집니다. 풍요로운 파동도 형성되지요. 그러니 제대로 멋을 낼 줄 아는 사람이라면 경제적으로 여유가 없어도 걱정할 필요가 없습니다. 곧 풍요로운 현실이 펼쳐질 테니까요.

Question ✳ 지금 충분히 풍족하다고 생각하나요?

최고의 선수들이
도구에 연연하는 까닭

자기 자신이나 다른 사람을 칭찬하는 사람은 신의 사랑을 받습니다. 여기에 더해서 신을 기쁘게 하는 칭찬의 비법이 두 가지 더 있습니다. 자신이 태어나서 자란 곳, 여행이나 일 때문에 방문한 지역 등을 칭찬하는 '장소 칭찬'이 첫 번째입니다. 두 번째는 자신이 가진 물건이나 생활을 편리하게 해주는 도구와 기계 등 주변의 사물을 칭찬하는 '사물 칭찬'입니다. 자신이나 다른 사람을 칭찬하는 '사람 칭찬' 능력에 더해서 '장소 칭찬', '사물 칭찬' 능력까지 갖추면 최고의 칭찬 고수가 되는 것이지요.

잘 보면 자기 자신이나 다른 사람을 칭찬하는 일은 모두들 열심히 하는 것 같습니다. 이를 습관화해서 자주 사람을 칭찬하는 사람도 있고요. 그런데 장소나 사물을 칭찬하는 사람은 드뭅니다. 이것이 맹점이지요.

피치 못할 사정으로 외국에 오래 체류했거나 긴 해외여행을 마치고 돌아오면 다들 "역시 우리나라가 최고야"라고 말합니다. 오랜만에 모국에 돌아와 감격했기 때문이겠지요. 그런데 다음 날이면 그런 감동이 옅어져서 더는 칭찬을 입에 담지 않습니다. 그리고 조금이라도 경기가 침체되거나 재난이 일어나면 금세 나라 탓을 하지요.

생활하는 데 반드시 필요한 물건도 항상 눈앞에 있는 것이 당연하다고 여기다 보니 칭찬하지 않습니다. 도리어 불편함을 느끼면 "낡아빠져서 도저히 쓸 수가 없잖아"라며 불만을 토로하지요.

앞서 말했지만 저는 돈에도 생각과 마음이 있다고 생각합니다. 마찬가지로 장소와 사물에도 저마다 생각과 마음이 있다고 믿어요. 평소 생활을 돌아보면 우리가 머무는 장소와 사용하는 물건도 우리에게 적잖이 도움을 주고 모든 생명을 지탱하고 있습니다. 그런데 칭찬을 받는 일도 거의 없고 존재 자체가 당연시되는 데다가 조금만 문제가 생겨도 싫은 소리를 어마어마하게 듣습니다. 장소나 사물에 감정이 있다면 그런 인간을 풍요롭게 하고 지지해주고 싶을까요? 우리가 그런 것처럼 장소나 물건 역시 자신을 칭찬해주는 사람을 행복하게 해주고 싶을 것입니다.

스포츠 선수 역시 훌륭한 선수일수록 경기에 사용하는 도구를 소중히 여긴다고 합니다. 그런 선수들은 자신을 도와주는 도구에 감사하는 마음을 갖고 있기에 사물도 선수를 더 응원하고 도와주려 하기 때문이 아닐까 생각합니다. 살다 보면 실력만으로 좋은 성과를 내기 힘들며 눈에 보이지 않는 힘이 작용하는 것 같은 상황을 자주 경험합니다. 뛰어난 재능을 지닌 선수를 향해 "야구의 신에게 사랑받는다", "축구의 신이 선택한 사람"이라는 말을 하는데 그 말이 딱 맞습니다. 때로는 실력만으로는 설명할 수 없는, 그야말로 신의 힘이 영향을 미친 듯한 결과도 나오기 때문입니다. 그런 결과가 몇 번이고 발생하는 것은 역시 신의 응원을 받은 덕분일 것입니다.

이 세계에 존재하는 모든 것은 신이 창조한 것들입니

사이토 히토리의 어떻게 살 것인가

다. 사람도 장소도 사물도 신의 파동이 깃든 신의 자식인 셈이지요. 그래서 신은 인간뿐만 아니라 장소와 사물도 깊이 아끼고 사랑합니다. 그러니 그것을 전부 칭찬하는 사람이 있다면 분명 신도 감격해 마지않을 것이고 크게 기뻐할 것입니다. 실제로 저는 지금까지 살아오면서 늘 세 가지 칭찬을 해왔는데, 덕분에 아주 행복하고 큰 어려움 없이 살고 있습니다.

말보다 증거라고 하지요. 당장 오늘부터 세 가지 칭찬을 해보세요. 분명 신이 크게 기뻐하며 상상하지도 못한 미래를 만들어주실 것입니다.

Question ＊ 나의 일상을 지탱해주는 사람과 장소, 물건을 충분히 칭찬하고 있나요?

혼자 힘만으로는
성공할 수 없다

거만하게 행동하는 것은 정말로 어리석은 일입니다. 아무런 도움도 되지 않을 뿐만 아니라 손해만 안겨주기 때문입니다. 그런데 인간은 미숙해서 조금만 일이 잘 풀린다 싶으면 금방 들뜨고 기고만장해져서 겸손한 태도를 잃어버리고 맙니다. 그러면 오만한 모습을 가만히 지켜보던 신이 '본때'를 보여줍니다. 제 실력으로 일이 잘 풀린 것처럼 착각하고 있지만 사실은 그렇지 않다는 것을 제 눈으로 확인해보라며 큰 깨달음을 주는 것입니다.

예를 들어 회사에서 실력을 인정받아 출세했다고 해

봅시다. 이때 겸손함을 잊지 않은 사람은 '다른 사람들 덕분에 내가 출세했다'라고 생각합니다. 그래서 감사하는 마음을 품고 자신을 도와준 회사와 세상 사람들에게 기여하겠다고 마음먹지요.

어떤 경우라도 혼자 힘만으로는 출세할 수 없습니다. 물론 본인의 실력도 어느 정도 기여하겠지만 그것만으로는 부족합니다. 당연히 가족이나 동료를 비롯한 주위 사람들의 협력이 필요하고, 그 밖에도 신이나 조상의 응원도 있어서 성공할 수 있었을 것입니다. 그런데 이 사실을 무시하고 마치 자신의 힘만으로 출세한 듯이 거들먹거리면 신이 '그 생각은 잘못된 거란다. 현실을 확인해보렴' 하고 진정 내 실력으로만 이루어진 세계를 보여줍니다. 즉 지금까지 응원해주던 사람이나 보이지 않은 힘이 일제히 손을 떼버리지요. 이때 펼쳐지는 현실만큼 무서운 것도 없습니다.

위로 끌어올려주던 힘들이 단번에 손을 놓아버리면 아래로 떨어질 수밖에 없습니다. 떨어져서 그냥 제로 상태로 돌아가는 것도 아닙니다. 지구의 인력과 마찬가지로 높은 곳에서 떨어지면 그만큼 받는 타격도 큰 법입니다. 낙하에 가속도가 붙어서 출발점보다도 훨씬 아래, 마이너스 지점까지 떨어져버립니다. 드라마나 영화를 보면 성공한 사람이 몰락하는 모습이 비참하게 그려지는데, 단순히 상상 속의 이야기만은 아닙니다.

그러나 이 추락마저도 신의 사랑입니다. 오만한 사람을 떨어뜨리는 것은 벌을 주기 위해서가 아닙니다. '그렇게 거만하게 구는 건 잘못된 거야. 너는 지금 착각하고 있는 거란다. 감사하는 마음을 잊어서는 안 된다' 하면서 그 사실을 배울 수 있도록 가르쳐주는 것입니다. 이 사실에 빨리 눈뜬다면 떨어졌을 때의 타격도 그만큼 줄어듭니다. 물론 처음부터 알고 있으면 가장 좋겠지요. 그러면 거만함이라는 선택지 자체가 인생에서 사라지니 높은 곳까지 올라가도 떨어질 걱정이 없습니다. 그저 위로 올라가기만 하면 됩니다. 이러한 진실을 한마디로 표현한 멋진 격언이 있습니다.

'벼는 익을수록 고개를 숙인다.'

이 말은 단순한 처세술이 아닙니다. 위로 갈수록 겸허해지고 거만하게 굴지 않는 것이 신의 뜻이며 신과 같은 삶의 방식이기 때문에 더욱더 위를 바라볼 수 있게 된다는 의미입니다. 이 사실을 깨닫고 매사에 겸손한 태도로 임한다면 틀림없이 진정한 행복도 손에 넣을 수 있을 것입니다.

Question ✱ 지금의 내가 되기까지 어떤 사람들의 도움이 있었나요?

일은 견디는 것이 아니라 즐기는 것이다

일이란 '돈을 받기 위해 힘들어도 참아내며 하는 것'이라고 생각하는 사람이 있습니다. '수입을 얻기 위해 일하는 것이니 거기서 즐거움을 바라서는 안 된다. 일은 원래 힘들기 때문에 그 고통을 참아내는 대가로 돈을 받는 것이며 나중에 성공하면 비로소 즐거움과 기쁨을 얻을 수 있다'라고 말입니다. 안타깝게도 이런 생각을 지니고 있다면 성공해도 행복해지지 못합니다. 일이란 놀듯이 즐길 때 잘 풀리기 때문이지요.

물론 일에는 책임이 따르기 마련이고 힘든 상황을 만날 때도 많습니다. 그런 것을 놀이처럼 즐길 수 있으랴

사이토 히토리의 어떻게 살 것인가

싶은 생각도 들 것입니다. 그러나 '일을 즐겨야 한다'라는 말이 곧 '일이 쉽고 편한 것'이라는 뜻은 아닙니다.

즐거운 것과 쉬운 것은 다릅니다. 일이 힘든 것은 당연합니다. 게다가 우리는 그저 인간에 불과하니 때로는 마땅히 해야 할 일이 견디기 힘들다고 느낄 수도 있습니다. 그렇기에 신은 '힘든 일을 어떻게 헤쳐나갈까?', '그 일을 어떻게 받아들일까?' 하는 생각으로 당신을 시험합니다. 어두운 표정으로 한숨을 쉬면서 일을 하는지, 이렇게 힘든 일을 어떻게 멋지고 재미있게 해낼 수 있을까 고민하고 있는지 말입니다.

저는 언제나 후자였습니다. 무슨 일이든 싫은데 억지로 하는 법이 없었고 이왕 하는 것 철저하게 즐기겠다는 마음가짐으로 임했지요. 인간은 지혜로운 생물입니다. 아무리 힘든 일이라도 즐겁게 해낼 지혜는 얼마든지 짜낼 수 있고 힘든 일이라도 즐기려고 하는 사람은 신도 응원을 보내줍니다. 덧붙여 일을 잘 풀어갈 수 있도록 하늘에서 계시도 내려주지요.

무엇이든 즐기겠다고 마음먹으면 재미있게 해나갈 수 있습니다. 그런데 처음부터 '일은 원래 힘들고 고통스러운 거야'라고 단정 짓고 지혜를 짜낼 생각도 하지 않는 사람에게 즐거운 세계가 펼쳐질 리 없습니다.

신은 이 세계에 반드시 빠져나갈 길을 만들어주십니다. 아무리 가혹한 상황이라도 반드시 돌파구가 있으니 자신의 빛으로 주위를 밝게 비추고 그것을 찾아나가면 됩니다. 그리고 우리 앞에 일어나는 일은 모두 성장하기 위한 시련이며 우리에게 그 고난을 뛰어넘을 힘이 있기에 벌어지는 일이라는 사실을 기억하세요. 신은 인간이 극복할 수 없는 문제는 내지 않습니다. 이 사실을 알기에 저는 아무리 커다란 벽에 가로막혀도 끊임없이 온 힘을 다해 뛰어넘습니다. 즐기면서요.

게임을 하다가도 아주 강한 적이 나오면 순간 움찔하지만 결국은 다들 즐기면서 하지 않나요? 반드시 해내겠다는 생각으로 지고 또 져도 몇 번이고 도전하지요. 그러다 보면 점차 적을 공략하는 방법을 알게 되고 결국에는 이기게 됩니다. 일도 마찬가지입니다. 한두 번 해서 잘할 수는 없습니다. 그러다가 정말로 어려운 문제에 맞닥뜨렸다면 드디어 당신이 그런 문제에도 도전할 수 있는 수준에 이르렀다는 증거입니다. 자신이 성장했음

사이토 히토리의 어떻게 살 것인가

을 확인하고 기뻐해야 하는 상황인 것이지요. 그 사실을
잊지 말고 눈앞의 문제를 기꺼이 즐기면서 헤쳐나가봅
시다.

> **Question** ＊ 지금 눈앞의 힘든 일을 즐기면서 헤쳐나갈 방법이
> 있을까요?

마음의 여유를 만드는 미소의 힘

즐겁게 일하려면 밝은 미소는 필수입니다. '직장 사람들이 모두 어두운 표정을 하고 있어도 나만큼은 미소를 잃지 말아야지', '좋은 기분으로 지내자'라는 신념으로 말입니다. 덧붙여 천국의 말을 많이 사용하고 지옥의 말을 없애기만 해도 일에 임하는 자세는 하늘과 땅처럼 달라집니다.

뇌는 당신이 말하고 생각하는 대로 감각을 이끌어가려고 합니다. 기분이 가벼워지면 뇌는 같은 업무라도 놀랄 만큼 즐겁게 느낍니다. 파동이 무거우면 지금 하는 일에서도 싫은 부분만 보이고 거기에 의식이 집중되지만, 파동이 밝고 가벼워지면 즐거움과 보람을 느끼는 부분에 눈이 가게 됩니다. 이 차이는 아주 큽니다.

이렇게 생각과 행동을 바꾸면 '일은 당연히 즐거운 것'이라는 감각이 정착됩니다. 그러면 뇌는 일을 점점 즐겁게 풀어갈 수 있는 아이디어를 떠올립니다. '마음에 드는 옷을 입고 회사에 가면 더 즐겁게 일할 수 있을 것 같아'라든가 좋아하는 배우의 사진을 책상 위에 올려놓고 재미있게 일해야지'처럼 말입니다.

일을 즐기려면 자신감도 필요합니다. 누구나 처음부터 자신감을 지니고 있지는 않습니다. 자신감은 여러 가지 일을 경험하면서 점차 성장해가는 것이기 때문입니다. 하루아침에 손에 넣을 수는 없지만 더 빨리 얻을 수 있는 방법은 있습니다. 바로 '자신만만한 얼굴을 하는 것'입니다. 자신감에도 파동이 있으며 우리는 이를 '자기 긍정감', '마음의 여유'라고 부릅니다. 밝고 산뜻한 미소가 그 파동을 불러오기 때문에 자신감은 웃는 얼굴 하나로 바뀝니다. 미소의 힘은 이렇게나 굉장하답니다.

중요한 상황이라 긴장되고 불안할 때는 미소 짓기가 어려울 수도 있습니다. 그러나 그럴 때일수록 더욱 의식적으로 크게 웃어야 합니다. 그러면 자신감이 가득한 것처럼 보여서 자연스럽게 자신 있는 파동도 형성되고 이윽고 진짜 자신감으로 이어집니다.

그리고 또 한 가지, 무슨 일이든 너무 완벽하게 하려고 생각하지 마세요. 실패해도 괜찮습니다. 인간은 미숙한 존재입니다. 아무리 열심히 해도 완벽하게 해내기는 쉽지 않습니다. 경험이 적을수록 더 그렇지요. 그러니 자신이 할 수 있는 데까지 열심히 했다면 결과는 어떻게 되어도 괜찮다는 가벼운 마음을 가져보세요.

실제로 경험해보면 열심히 준비했지만 실패한 사람에게 세상은 굉장히 너그럽다는 사실을 깨달을 수 있습니다. 실패한 당신에게 오히려 친근감을 느끼는 사람도 생길 것입니다. 걱정할 필요 없어요. 당신이라면 분명 잘할 테니까 자신감이 가득한 얼굴로 가봅시다.

Question ＊ 충분히 자신감 있게 일하고 있나요?

사이토 히토리의 어떻게 살 것인가

남에게 이득인 일이
나에게도 이득이다

열심히 노력하는데 좀처럼 풍족해지지 않고 출세하지 못하고 있는 것 같다고 생각하지는 않나요? 직장에서 일을 하면서 이런 고민을 하는 사람들이 많은 것 같습니다. 그럴 때는 내 이익을 챙기는 방법을 곤민하기보다 먼저 주변에 도움을 줄 방법을 생각해보세요. '회사가 이득을 보게 해야겠다. 상사나 동료를 도와서 좋은 일이 일어나도록 해야지. 그리고 고객에게도 도움을 줄 거야.' 철저히 이렇게 생각하고 행동해보세요. 정규직이든 계약직이든 아르바이트든 마찬가지입니다.

다른 사람이 득을 얻으면 자신이 손해를 본다고 여기

는 사람이 있지만 사실은 남에게 이익이 되는 일이 내게도 가장 좋은 길입니다. 다른 사람을 도와주면 반드시 보답이 있습니다. 본인이 직접 보답을 주지 않더라도 돌고 돌아 다른 곳에서 또 좋은 일이 나를 찾아오지요. 왜냐하면 신도 모두가 득을 보는 길을 원하기 때문입니다. 신의 길을 가는 사람에게는 신의 지혜가 내려오고 놀라운 기적도 계속해서 일어난답니다.

사람들과 함께 어울려 살아가다 보면 어떻게 해도 경쟁을 피할 수 없습니다. 친구 간에도, 학교에서도, 클럽 활동에서도, 직장에서도, 심지어는 나라 간에도 경쟁이 존재합니다. 경쟁이 없다면 다툴 일도 없으리라 생각할지 모르지만 이는 하나만 알고 둘은 모르는 것입니다. 경쟁이 없으면 더 좋은 물건이나 서비스도 생겨나지 않을 테니까요. 그래서 경쟁은 인간에게 많은 깨달음을 주는 수행이기도 합니다.

다만 경쟁이 있으면 싸워야만 하는 것도 사실입니다. 그리고 싸움에서는 이길 때도 있지만 질 때도 있습니다. 이때 중요한 것은 승패보다도 어떤 전략으로 이길 것인가 하는 태도입니다. 아무리 싸움이 필수 불가결이라고 하더라도 상대방의 발목을 잡아서 자신이 우위에 서는 비겁한 방식은 의미가 없습니다. 루머를 퍼뜨려서 상대방의 평판을 떨어뜨리거나 상대방을 평가절하하며 자신을 끌어올리는 일은 신이 가장 싫어하는 일이에요. 그래서 그런 방법으로 손에 넣은 승리는 순식간에 사라져버립니다.

그에 반해 자신도 이득을 보면서 주위 사람 모두가 이익을 얻을 수 있는 지혜를 내는 사람은 신의 사랑을 받습니다. 나뿐만 아니라 다른 사람도 득을 보는 일에는 장사를 해서 세금을 많이 내는 것도 해당됩니다. 세상에도 큰 도움이 되니 훌륭한 사회공헌인 셈이지요. 또 직장에서 일하는 상황이라면 아래처럼 관련된 모든 사람들이 이익을 얻는 방향을 생각해보세요.

1 나 자신. 규모를 조금 더 확대하면 내가 일하는 회사도 포함됩니다.

2 동료. 같은 직장에서 나와 함께 일하는 직원뿐만 아니라 회사의 거래처도 포함됩니다.

3 고객.

4 세상. 구체적으로는 우리가 사는 국가와 전체 사회를
   의미합니다.

이 네 가지를 고려하면서 일하면 모두에게 득이 되는
길을 찾을 수 있습니다. 신은 자신뿐만 아니라 많은 사
람에게 좋은 일을 하는 사람이 승리할 수 있도록 힘껏
도와줍니다. 그것도 한두 번이 아니라 계속해서 이기게
해주지요. 물론 처음 얼마간은 미숙해서 질 수도 있습니
다. 그래도 경쟁 상대를 미워하는 대신 좋은 라이벌이라
고 여기고 배울 점을 찾아보세요. 몇 번을 지더라도 꺾
이지 말고 모두가 득을 보는 전략을 추구하면서 실패하
면 개선을 거듭하세요. 그렇게 한다면 분명 승리의 날이
찾아올 것이고, 승리는 아주 오래도록 이어질 것입니다.

Question ✳ 모두에게 이익이 되는 전략에는 무엇이 있을까요?

이 장의 가르침

---✳︎---

하나 마음의 여유가 풍요로움을 부른다.

둘 돈에도 생각과 마음이 있다.

셋 절약은 덧셈 뺄셈의 문제다.

넷 남의 문제를 대신 해결해주지 말라.

다섯 '척'을 하면 현실이 된다.

여섯 사소한 물건에도 감사하라.

일곱 거만하게 굴면 신이 '본때'를 보여준다.

여덟 나에게 즐거운 일을 택하라.

아홉 언제나 자신만만한 얼굴로 나아가자.

열 모두에게 이익이 되는 길을 추구하면 계속 성공한다.

과거를 좇지 말고
미래를 염려하지 말라.
오직 오늘 마땅히 실천해야 할 바에 집중하라.

석가모니 釋迦牟尼, BC 560?~480?
불교의 창시자

삶과 죽음의
이치를 새기라

自 習 因 成 生
尊 慣 緣 功 死

항상 보이지 않는 존재에 감사하라

일이 잘 풀리는 사람에게는 공통점이 있습니다. 바로 자신의 힘만으로 성공했다고 자만하지 않는 것이지요. 주변 사람은 물론이고 신이나 수호령(재난으로부터 보호해주는 존재로, 대개는 조상이 그 역할을 맡는다고 여겨진다—옮긴이) 같은 보이지 않는 존재들로부터 보호와 도움을 받았다고 느끼고 매사에 깊이 감사합니다.

진정 행복한 사람은 정신론이나 신의 세계에 관심이 없더라도 눈에 보이지 않는 것을 함부로 여기지 않습니다. 이런 이야기를 하면 이상한 사람처럼 비추어질까 봐 평소에는 언급하지 않는 사람이 많지만 같은 파동을 가진 사람들끼리 이야기하다 보면 눈에 보이지 않는 존재를 소중히 여기고 있다는 것이 잘 드러납니다.

예를 들어 늦잠을 자서 평소와 같은 시간에 지하철을 타지 못했다고 해봅시다. 보통 사람은 '오늘 일진이 나쁘네' 하고 기분이 상하거나 지각을 걱정하면서 초조해하기 십상입니다. 하지만 오히려 늦게 나온 덕분에 평소처럼 나왔다면 맞닥뜨렸을 위험을 피할 수 있었다고 생각할 수도 있습니다. 그 전철을 타지 않아서 사고를 피할 수 있었거나, 평소보다 늦은 덕분에 그 후의 일이 더 원활하게 풀릴 수도 있지요. 그런데 지하철을 놓친 순간의 불쾌감에 정신을 빼앗겨 이면에서 일어나는 일까지 생각하지 못하는 사람이 많습니다. 그러니 안 좋은 일이 일어나는 것 같아도 '오늘은 조금 늦어서 오히려 다행이야. 나를 지켜주는 힘이 있어서 감사해'라고 생각해보세요. 행복한 사람들은 언제나 후자처럼 생각합니다.

저는 보이지 않는 존재도 인간과 비슷한 감각을 느낀다고 생각합니다. 분노나 미움처럼 부정적인 감정은 없어도 기쁨이나 설렘, 행복한 느낌 같은 밝은 감정은 인간보다 더 크다고 말입니다. 그렇게 생각하면 그들 역시 인간의 말과 행동에서 여러모로 느끼는 바가 있으리라고 짐작할 수 있습니다. 사람들은 눈에 보이지 않는 존재를 좀처럼 믿으려 하지 않기 때문에 보이지 않는 것은 존재하지 않는다고 생각하고 행동합니다. 그런데 그중에 '지켜주셔서 감사합니다' 하고 인사하는 사람이 있으면 고맙고 기쁘게 느끼지 않을까요?

보이지 않는 존재는 보답을 바라고 잘해주는 것이 아니므로 우리가 그들이 주는 사랑을 알아차리지 못해도 서운해하는 법은 없습니다. 하지만 본인이 해준 일을 금방 알아차리거나 감사함을 느끼면 더없이 기뻐하면서 다음에 또 도와주려고 마음먹습니다. 그래서 보이지 않는 존재에게 감사하는 사람은 언제나 일이 잘 풀립니다. 점점 보호받고 더 큰 가르침을 받기 때문에 당연히 성공하지요. 이렇게 생각하면 눈에 보이지 않는 존재가 실제로 있을지도 모른다고 생각하는 편이 더 든든하게 느껴지지 않나요?

Question　＊ 보이지 않는 존재의 도움을 느꼈던 적이 있나요?

나만의 속도로
인생을 여행하라

저의 취미는 드라이브 여행인데 차를 타고 여기저기 돌아다니다 보면 늘 드는 생각이 있습니다. 바로 '인생이란 여행과 같구나'라는 것입니다.

도쿄에서 아오모리로 여행을 간다고 해봅시다. 아오모리라는 목적지는 인생으로 치면 '행복'에 해당합니다. 아오모리에 가려면 우선 집에서 출발해야겠지요. 마찬가지로 행복해지고 싶다면 행복한 방향으로 발을 내딛어야만 합니다. 그런데 세상에는 집에 꼼짝도 않고 머물면서 '아직도 아오모리에 도착하지 못했나?' 하고 생각하는 사람이 많습니다. 농담이 아니라 사실입니다. 그 자리에서 한 걸음도 움직이지 않은 채 '나는 언제나 불행해', '어째서 나만 이렇게 운이 나쁘지?' 하고 불평하는 것이지요.

행복해지고 싶다면 일단 한 걸음 앞으로 내딛어야합니다. 그렇지만 무리할 필요는 없어요. 서둘러 가지 않는다고 아오모리(행복)가 사라져버리는 일은 없으니까요. 한 걸음씩 자신의 속도로 나아가면 됩니다. 한 걸음이 어려울 때는 1센티미터 혹은 1밀리미터라도 충분합니다. 아주 조금씩이라도 앞으로 나아가면 그 자체로 커다란 성공입니다. 더 빨리 가지 못한다고 초조해할 필요도 없고 무리해서 달리지 않아도 됩니다.

천천히 가면 영영 도착하지 못할 것 같은 마음에 조급해지는 사람도 있을 것입니다. 하지만 차가 천천히 달릴 때는 차창 밖의 경치를 충분히 만끽할 수 있다는 장점이 있습니다. 야산의 아름다운 꽃과 녹음도 잘 보이고 야생에서 사는 귀여운 동물을 만날 수 있을지도 모릅니다. 그동안 미처 의식하지 못했던 다른 사람들의 친절함이 눈에 들어오고 지금까지 빠르게 지나쳤던 일들의 의미를 깨닫는 것처럼 말입니다. 속도를 높여서 달리는 것도 상쾌하고 신나지만 여행을 느긋하게 즐기는 것 또한 인생의 묘미입니다. 무엇보다도 계속 달리기만 하면 금방 지쳐버리고 맙니다. 천천히 가도 되니 확실히 앞을 향해 나아가는 것이 중요해요.

여행이란 반드시 목적지에 도착해야만 즐거운 것은 아닙니다. 여정 중에 우연히 마주치는 만남이나 발견이 예상치 못한 기쁨을 주고 우리는 거기에서 여행의 커다란 매력을 느낍니다. 인생의 여로는 단순히 목적지에 도착하는 것만이 아니라 행복을 향해 가는 과정이 있기에 더욱더 풍요로운 법입니다. 적절히 완급을 조절하고 모든 순간을 즐기면서 이번 생이라는 여행을 멋지게 색칠해보세요. 그것이 행복의 길이 될 테니까요.

Question ∗ 결과에만 집중하느라 바로 곁의 기쁨을 놓치고 있지는 않나요?

우리는 언젠가
다시 만난다

━━━━ 가까운 사람이나 잘 알던 사람이 타계하면 우리 마음은 심하게 요동칩니다. 떠난 이를 소중히 여길수록 더욱 그렇습니다. 죽음을 받아들이지 못해서 마음이 무너지는 사람도 있습니다. 하지만 생사에 관해 깊이 생각하고 그 본질을 깨달으면 일시적으로 충격을 받더라도 끝내 어둠으로 끌려가는 일은 없습니다. 밝은 미래를 잊지 않고 살아갈 수 있지요. 그래서 생사에 관한 세 가지 진실을 밝혀두려 합니다. 이 진실은 앞으로 오랜 시간을 살아갈 모두에게 커다란 구원이 될 것이므로 꼭 기억해두세요.

사이토 히토리의 어떻게 살 것인가

첫 번째는 우리들의 영혼은 '돌고 도는 것'이라서 영원히 소멸하지 않는다는 점입니다. 즉 우리의 본질에 해당하는 영혼은 전생에서 현생現生 그리고 내생來生으로 끊임없이 살아 숨 쉽니다. 육체를 받아 이 세상에 태어난 영혼은 타고난 육체의 수명이 다하면 고향인 저세상으로 돌아갔다가 다시 새로운 육체를 받아서 이 세상에 태어나지요. 영혼은 몇 번이고 이 세상과 저세상을 왔다 갔다 하기 때문에 죽는다고 끝이 아닙니다. 소중한 사람이 죽어서 멀리 떠나면 슬프지만 그의 영혼은 영원히 살아 있습니다. 일시적으로 저세상으로 돌아간 것뿐이니 절망할 필요는 없습니다.

두 번째는 흔히 말하는 소울메이트, 즉 영혼의 깊은 곳까지 교류할 수 있는 친구에 관한 것입니다. 앞의 이야기와도 이어지는 내용인데, 신은 우리에게 영혼을 내어주면서 저마다 어떤 무리에 속하게 만들었습니다. 내가 속한 무리에 얼마나 많은 영혼이 존재하는지는 알 수 없지만 가족이나 친한 친구, 나를 이끌어주는 스승, 좋든 나쁘든 깨달음을 주는 상대는 모두 같은 무리에 속해 있습니다. 서로 인연이 아주 깊기 때문에 오래도록 함께 살아가게 되지요. 생사의 타이밍은 다소 어긋나더라도 저세상에서든 이 세상에서든 다양한 관계로 맺어지면서 서로의 혼을 연마해줍니다. 그러니 소중한 사람이 먼저 이 세상을 떠났더라도 죽은 사람은 그저 얼마간 해외에 나가 있는 것뿐이라고 여기면 됩니다. 저세상에서 다시 만날 수 있으니까요.

마지막 세 번째는 죽은 사람이 당신의 행복을 바란다는 사실입니다. 소중한 배우자를 잃었을 때 종종 상대에게 미안해서 새로운 만남을 주저하기도 하는데 저세상으로 돌아간 배우자의 영혼은 그저 소중한 소울메이트인 당신의 행복을 바라고 지금의 육체로만 경험할 수 있는 일을 마음껏 즐기기를 바랄 것입니다. 죽은 사람의 입장에서 본다면 남은 사람이 울면서 생활하거나 마음이 병드는 모습을 보는 것이 훨씬 더 슬픈 일입니다. 그러니 소중한 사람이 떠난 후에도 자기답게 행복하게 살아가야 합니다. 그것이 남은 자의 의무이지요.

Question ✴ 다시 만날 소울메이트에게 어떤 이야기를 해주고 싶은가요?

죽음의 본질을 깨달으면
살아갈 힘이 생긴다

호흡이라는 단어는 뱉는 숨(呼)과 들이마시는 숨(吸)이라는 두 글자로 이루어져 있습니다. 이 말처럼 호흡이란 뱉고 들이마시는 것이 올바른 순서입니다. 요가나 명상을 할 때도 '숨을 뱉는 것'을 중시하는데, 숨을 잘 뱉지 못하면 호흡이 원활히 이루어지지 않기 때문이라고 합니다. 아기가 세상에 나와서 처음으로 숨을 쉴 때도 으앙 하고 기운차게 숨을 내뱉습니다. 숨을 내뱉어서 이후에 충분히 공기를 들이마실 수 있도록 하는 것이지요.

반면에 사람이 죽을 때에는 '숨을 거둔다'라고 표현합

니다. 이제 더 숨을 쉴 필요가 없기 때문에 마지막으로 숨을 들이마시고 끝내는 것입니다. 그래서 숨을 거둔다는 표현이 육체의 죽음을 의미하게 되었지요. 그런데 호흡의 정의에 따르면 숨을 들이마신 후에는 숨을 뱉어야 합니다. 죽은 사람이 숨을 다시 뱉는다는 말은 곧 새로운 육체를 얻어 아기에서부터 인생을 다시 시작한다는 뜻입니다. 이렇듯 호흡이라는 두 글자를 통해서도 사람의 영혼이 돌고 돈다는 사실을 알 수 있습니다.

우리는 죽음과 직면하면 끝이나 영원한 이별, 두 번다시 만나지 못한다는 절망감과 상실감을 느낍니다. 하지만 죽음의 진정한 의미는 '저세상에서의 탄생'이기 때문에 영혼의 관점에서는 이렇게 볼 수 있습니다.

'다녀오세요. 신에게 안부 전해주세요.'

'저세상에서 다시 만나요.'

'먼저 가서 다음 생은 어떻게 살지 생각해두세요.'

어떤가요? 우리가 직관적으로 경험하는 감각과는 전혀 다른 느낌이지요? 이 사실을 이해하면 소중한 사람을 잃은 고통과 슬픔을 잘 이겨낼 수 있습니다.

하지만 우리는 다양한 감정을 경험할 수밖에 없는 인

간입니다. 소중한 사람의 영혼과 저세상에서 다시 만날 수 있다고 해도 이번 생과 같은 육체를 가지고 태어나는 일은 없습니다. 친근하고 익숙한 모습과 이별하는 것은 역시 쓸쓸하고 고통스러운 일이지요. 그러니 그 감정을 억누르거나 부정해서는 안 됩니다. 슬플 때는 마음껏 우는 편이 좋아요. 슬퍼서 아무와도 만나고 싶지 않다면 얼마간 집에 틀어박혀 있어도 괜찮습니다. 눈물에는 정화작용이 있어서 눈물을 흘린 만큼 마음은 가벼워집니다. 참지 말고 눈물이 마를 때까지 울어도 됩니다.

죽음의 본질을 이해하면 울고 난 후에 반드시 다시 일어설 수 있습니다. 먼저 떠난 소중한 사람에게 부끄럽지 않은 삶을 살아가세요. '다시 만날 그날까지 당당하게 가슴을 펴고 살아야겠다'와 같은 마음이 들 테니까요.

> **Question**   ＊ 가까운 사람의 죽음을 영혼의 감각으로 돌아보면 어떤 느낌이 드나요?

나를 힘들게 하는 사람이
나를 크게 성장시킨다

앞에서도 말했듯이 인생이란 신이 감독을 맡은 드라마 같은 것입니다. 이 드라마에는 다양한 등장인물이 있으며 저마다의 역할은 영혼 간의 대화와 합의를 통해 정해집니다. 이번 생을 마치고 저세상으로 돌아간 혼은 소울메이트가 모여 있는 그룹에 합류해서 다음 생에는 무엇을 배울지 생각하지요. '저번에는 부모 자식 관계였으니 다음에는 또 다른 사랑을 배울 수 있는 부부 관계가 되고 싶다'라든가 '다음 생에는 친한 친구가 되어서 이러저러한 깨달음을 얻고 싶다'처럼 말입니다. 저마다 다음 생의 희망을 이야기하는데, 소울메이트가 많으면 역할 하나를 두고 경쟁할 때도 있고 아무도 희망하지 않는 역할이 생기기도 합니다.

그런데 드라마에는 악역이 존재합니다. 드라마는 대체로 주인공이 나쁜 상대에게 괴롭힘을 당하면서 고통받다가 다른 이의 도움을 받아 사랑을 쟁취하거나 우연한 계기로 깨달음을 얻으면서 어려움을 극복해가는 내용이니까요. 그럴 때마다 더욱 성장하고 강해지는 주인공의 모습은 매우 감동적입니다. 또한 보통은 행복한 결말로 끝나기 때문에 마지막까지 보고 나면 무척 후련한 기분이 들지요.

마찬가지로 우리의 인생 드라마에도 악역이 필요합니다. 악역이 없으면 영혼을 성장시킬 수 없는 사람도 있기 때문입니다. 그런데 악역은 모두가 맡기를 꺼립니다. 우리의 영혼은 빛과 사랑으로 이루어져 있어서 사람에게 상처를 주거나 나쁜 일에 몸담고 싶어 하지 않기 때문입니다. 당장 저부터도 그런 역은 맡기 싫습니다.

그럼에도 인생을 더 풍요롭고 깊이 있게 만들기 위해서 악역이 반드시 필요한 상황이 있습니다. 그러면 어쩔 수 없이 아주 가까운 소울메이트에게 이런 부탁을 하게 됩니다.

'이번 생에는 따돌림을 통해서 배워야 할 것이 있으니까 부탁할게.'

'이번 인생에는 배우자의 도덕적 부정이 꼭 필요해.'

이런 당신의 필사적인 부탁을 듣고 알겠다며 응해준 혼도 있을 것입니다. 어쩌면 이번 생에 당신에게 크나큰 잘못을 저질러 당신이 꺼리는 상대는 당신을 위해서 악역을 기꺼이 수락해준 사랑이 깊은 존재일 수도 있어요. 그렇지 않다면 모두가 꺼리는 역할을 받아들일 리가 없을 테니까요.

사이가 좋지 않은 부모, 갑질을 일삼는 상사를 만나면 '이렇게 나쁜 놈이 있나' 싶은 마음이 듭니다. 하지만 사실은 다른 누구도 아닌 우리 자신이 그러한 악역을 맡아 달라고 간절히 부탁했을지도 모르는 일입니다. 그렇다면 언제까지나 악역에게 휘둘리지 말고 빨리 깨달아야만 해요. 당신이 깨닫지 못하는 한 그 영혼은 계속해서 악역을 연기해야하니까요.

싫은 일은 참지 말고 '그만해' 하고 분명히 말하고 나를 괴롭히는 상대에게서 벗어나 자신의 행복을 최우선

사이토 히토리의 어떻게 살 것인가

으로 생각해야 합니다. 이러한 깨달음을 얻는다면 악역이 존재할 필요가 없어지므로 당신 앞에서 사라지게 될 것입니다. 때로는 갑자기 좋은 사람으로 바뀔 때도 있어요. 소울메이트도 악역에서 해방되어 남은 인생을 자유롭게 살 수 있게 되는 것입니다.

나 자신을 위해서도, 나의 성장을 위해 협조해준 소울메이트를 위해서도 우리는 지금 여기서 행복해져야만 합니다.

Question ＊ 나를 힘들게 하는 사람에게서 무엇을 배웠나요?

당신이 받은 시나리오는
무엇인가요?

저세상에서 가까운 영혼들과 상담을 마치고 다음 생의 대략적인 설계가 정해지면 우리는 신에게 '이 시나리오로 가도 될까요?' 하고 보고합니다. 그리고 신의 허락이 떨어지면 밝은 마음으로 지구에 태어나지요. 이때 우리는 신과 두 가지 약속을 합니다. 이번 생을 마음껏 즐기고 다른 사람에게 친절해야 한다는 것이지요.

우리가 받은 시나리오에는 행복한 상황, 즐거운 순간이 많습니다. 반면에 악역에게 휘둘리거나 힘든 현실에 직면하는 시련도 있어요. 그런 문제에 현혹되지 않고 깨달음을 얻고 인생을 즐기는 것이 이 세상에 태어난 사람

사이토 히토리의 어떻게 살 것인가

의 의무입니다.

고통도 기쁨도 충분히 맛보면서 주위 사람들에게 사랑을 베풀겠다는, 신과 나눈 이 약속을 지키면서 살아가는 과정에서 우리의 영혼이 연마됩니다. 다시 말해서 인생이라는 수련 과정을 통해 자기 자신을 더욱 높은 곳으로 끌어올리는 것입니다.

다만 우리는 지구에 태어나는 순간 자신이 받은 시나리오를 까맣게 잊어버립니다. 무언가 잘못했기 때문이 아니라 신이 그렇게 안배했기 때문입니다. 미래에 무슨 일이 일어날지 몰라야만 인생이 더욱 자극적이고 즐거운 법이니까요. 아무런 의외성도 없는 예정된 인생이 얼마나 무미건조할지 상상해보세요. 다음 장면이 뻔히 예상되는 영화나 드라마에는 좀처럼 몰입하기가 힘듭니다. 마찬가지로 앞으로 무엇을 배울지 이미 짐작하고 있다면 시련이 닥쳐와도 진지하게 임하기는 어려울 것입니다. 고난과 진지하게 마주하지 못한다면 제대로 배울 수도 없습니다.

우리에게 주어진 시나리오를 잊어버리더라도 신과의 약속을 지키며 살아갈 수 있는가 하는 것이 인생이라는 과정의 핵심입니다. 길을 잃고 헤매고 고민하면서도 어떻게든 약속을 지키려고 하는 마음과 태도가 중요합니다. 그것을 해내는 사람이야말로 진정으로 행복해질 수 있지요.

Question ✻ 이번 생에서 어떤 사랑을 전할 수 있을까요?

무대를 마친 사람에게
성대한 박수를

인간이 저세상에서 가지고 온 시나리오에는 이번 생의 수명이 적혀 있습니다. 찰나의 시간밖에 살지 못하는 사람, 장수하는 사람, 오랫동안 병을 앓다 죽는 사람, 돌연사하는 사람 등 여러 가지 경우가 있지만 수명의 길이와 영혼의 상태는 전혀 관계가 없습니다. 다시 말해 영혼의 수준이 낮아서 수명이 짧다거나 꼭 덕을 많이 쌓아서 장수하는 것은 아니라는 뜻입니다. 또한 흔히 하는 말처럼 신의 장난으로 단명하거나 오래 병을 앓게 되는 일도 없습니다. 신은 절대 그런 나쁜 장난은 하지 않아요.

인생이 어떻게 흘러갈지 커다란 줄거리를 정하는 것은 자기 자신입니다. 빨리 세상을 떠나는 사람은 이번 생에서 그렇게 하고 싶은 까닭이 있기 때문입니다. 짧은 수명을 받아들이기는 너무나 힘겹겠지만 짧은 삶을 통해 배우고 싶은 것이 있어서 내 영혼이 그러한 인생을 선택한 것입니다. 우리가 그렇게 태어났다는 것은 곧 신이 그런 선택을 허락했으며 이번 생은 그것으로 충분하다는 의미입니다.

언제 인생을 마무리해도, 어떻게 죽더라도 그 사람은 마지막까지 자신의 무대를 잘 연기한 것이고 이 세상에서 배워야 하는 수행을 끝마친 것입니다. 그의 혼은 분명 크게 만족하며 저세상으로 돌아갔을 거예요. 그것을 알아본 사람이 '멋지게 잘 사셨습니다', '좋은 인생이었습니다'라고 인정해준다면 죽은 사람도 무척이나 기쁘지 않을까요? 무대에서 긴 연극을 마친 배우에게 성대한 박수를 보내듯 마지막을 장식해준다면 가장 좋겠지요.

그리고 아직 살아갈 날이 더 남아 있는 우리도 먼저 천국으로 돌아간 소울메이트에게 지지 않을 정도로 즐겁게 살아가야 합니다. 나라는 인간을 연기하고 저세상으로 돌아갔을 때 신에게 당당하게 약속을 잘 지켰다고 말할 수 있도록 말이지요.

저는 그렇게 생각하면서 오늘도 웃으면서 살아갑니다.

Question   ✳ 나는 이 생을 어떻게 마치게 될까요?

인과의 법칙을
활용하는 법

우리의 인생은 자신이 뿌린 씨앗(생각)으로 이루어집니다. 어떤 꽃이 피고 열매(현실)가 맺힐지는 뿌린 씨앗에 따라 달라지지요. 그리고 그것은 이번 생에 한정된 이야기가 아닙니다. 지난 생에 뿌린 씨앗이 지금의 생에서 열매를 맺고 수확하기도 합니다. 이번 생의 좋은 행동이 다음 생이나 그 후에 꽃을 피우는 일도 있지요. 이것을 '인과가 돌고 돈다'라고 말합니다.

인과가 무서운 것이라고 말하는 사람도 있습니다. 하지만 이는 인과의 본질을 잘못 알고 두려워하다 보니 그러한 파동으로 인해 안 좋은 일이 일어나는 것일 뿐, 진실은 그 반대입니다. 진정한 인과는 끝없이 밝고 즐거운 것입니다. '행복한 인생을 살고 싶다', '즐거운 미래를 손에 넣고 싶다'라고 생각하면서 웃는 사람에게는 인과의 법칙에 따라 반드시 그런 일이 일어나기 때문입니다. 게다가 혼은 끊임없이 돌고 돕니다. 지금 미소 짓는 사람은 이번 생은 물론이고 다음 생도 그다음 생도 미소라는 원인 덕에 밝은 결과가 기다리고 있겠지요. 이렇게 좋은 법칙은 어디에도 없습니다.

이러한 인과의 법칙을 내 편으로 만드는 강력한 방법이 있어요. 바로 다음과 같은 '밝은 빛의 맹세'를 늘 마음에 새기면 됩니다.

나 자신을 사랑하고 남을 사랑하겠습니다.
상냥함과 미소를 잊지 않고
다른 사람의 험담은 절대 하지 않겠습니다.
모두의 장점을 칭찬하고자 애쓰겠습니다.

밝은 빛의 맹세에는 이 책에서 이야기한 모든 내용이 응축되어 있습니다. '가장 먼저 나 자신을 용서하고 사랑하자. 그렇게 하면 다른 사람도 용서하고 사랑할 수 있다. 지옥의 말을 버리고 나도 남도 천국의 말로 채운다면 신이 뜻하시는 길을 가리라.' 그런 의미이지요.

마음속에 이런 밝은 빛의 맹세가 자리하고 있으면 어떤 어둠도 빛으로 바뀝니다. 자석의 S극과 N극이 들러붙듯이 행복을 끌어당기는 힘이 생기고 불행은 사라지지요. 이 맹세를 기억하는 한 영원토록 기쁨만이 돌아오는 인과의 법칙이 이어질 것입니다.

Question ✳ 지금 미소 지으면 어떤 밝은 결과가 돌아올까요?

생의 마지막 순간에
후회하지 않기 위해

　　　　　한번은 어떤 사람이 제게 이런 질문을 하더
군요.

"이전에 많은 죽음을 지켜본 의사가 이렇게 말했습니
다. '죽음의 문 앞에 있는 사람은 가족에 대한 사랑과 감
사 그리고 다른 사람들의 도움으로 자신이 행복했다는
이야기만 할 뿐, 사회적 지위나 명예, 학력, 재산을 자랑
하는 사람은 없다'라고 말이지요. 정말로 최후에는 사랑
과 감사만 나오게 되는 걸까요?"

어디까지나 저의 생각이지만 사람의 마지막이란 그런
것 같습니다. 사람이 죽음을 앞둔 순간에는 육체가 제

역할을 마치고 존재감이 약해집니다. 그래서 영혼의 목소리가 더 커지는데 우리의 영혼은 본래 빛과 사랑의 존재이므로 그 관점에서 보면 이번 생에서 경험한 일은 모두 의미 있고 감사한 것뿐일 테니 말입니다.

다만 그것이 모두에게 공통되지는 않습니다. 사람은 미숙한 존재라서 마지막 순간까지 누군가를 미워하거나 생에 대한 집착을 내려놓지 못하기도 합니다. 그런 영혼은 부유령이 되어 이 세상과 저세상 사이를 떠돕니다. 저세상으로 잘 돌아가지 못하고 길을 잃지요. 저는 그런 영혼이 성불하기를 바라는 마음으로 읊기만 해도 나와 주변이 정화되는 격문이나 밝은 파동을 만드는 천국의 말 등을 소개해왔습니다. 이번 생에 미련이 남은 사람이라도 영혼의 본질은 빛과 사랑입니다. 진심으로 성불하고 싶고 저세상에서 기다리고 있는 소울메이트들을 만나고 싶어 합니다. 그러니 그들이 올바른 길을 갈 수 있도록 도와주면 떠돌던 영혼도 기뻐하고 신에게서도 행복한 보상이 있을 것입니다.

물론 나 자신도 이번 생의 마지막 순간이 찾아오면 사랑과 감사로 마무리할 준비를 해두어야 합니다. 그러려면 육체를 자유롭게 움직일 수 있을 때 좋아하는 일을 충분히 즐겨야겠지요. 남의 눈을 의식해서 좋아하는 일을 하려고 하는 영혼의 목소리를 무시하기만 하면 '참지 말고 그렇게 할걸', '큰마음 먹고 이렇게 했더라면'과 같은 아쉬움이 남습니다. 살아 있는 동안에는 '이런 일은 하면 안 돼' 하고 자신을 억누르다가 죽을 때가 되어서야 '육체가 없으면 하지도 못할 일인데 어째서 하지 않았을까' 하고 후회하는 것이지요.

육체로서의 나와 영혼으로서의 나는 생각하는 바가 정반대입니다. 그러니 죽음 직전의 영혼이 후회하지 않도록 즐겁게 살아가세요. 하고 싶은 일을 참지 마세요. 그렇게 하면 세상을 떠날 때에도 만족하는 마음, 후회 없는 마음으로 갈 수 있을 것입니다.

Question * 남의 시선이 걱정되어서 해보지 못한 일이 있나요?

이 장의 가르침

---- ✳ ----

하나 보이지 않는 존재에게 감사하면 큰 도움이 돌아온다.

둘 삶의 속도는 저마다 다르다.

셋 우리는 넓은 세상을 돌고 돌면서 살아간다.

넷 죽음은 곧 새로운 탄생이다.

다섯 먼저 떠난 이들에게 전할 재미있는 이야기를 쌓자.

여섯 악역은 나를 성장시켜주는 가장 큰 아군이다.

일곱 있는 힘껏 지금 이 순간을 살아가자.

여덟 우리는 필요한 만큼만 이 세상에 머문다.

아홉 웃으면 행복이 돌아오는 것이 인과다.

열 후회가 남지 않도록 하고 싶은 일을 참지 말라.

우리에게 일어나는 일은 모두 행복의 일부입니다. 불행의 모습을 하고 있어도 그 안에는 분명 행복의 씨앗이 자리하고 있습니다. 그 씨앗을 찾아 당신의 세계에 뿌려 보세요. 언젠가 커다란 행복으로 자랄 테니까요. 행복의 꽃과 열매가 당신의 인생을 수놓겠지요.

그러니 어떤 일이 있어도 밝고 가벼운 기분을 유지하며 살아가세요. 언제라도 미소를 잃지 마세요. '이건 내가 더 행복해지기 위한 기회야. 다음 단계로 나아가기 위한 신의 시험이야'라고 생각하며 안 좋아 보이는 일도 내게 일어나는 모든 일을 행복으로 바꾸겠다는 태도로 밝은 빛으로 바꾸어가는 것입니다.

당신의 세계에 어떤 꽃이 피고 어떤 열매가 열릴지 기대하고 있겠습니다.

이번 생, 당신을 만난 행복에 감사합니다.

2024년 9월의 길일

사이토 히토리

사이토 히토리의 어떻게 살 것인가

1판 1쇄 발행 2026년 1월 12일
1판 4쇄 발행 2026년 2월 3일

지은이 사이토 히토리
옮긴이 황미숙
발행인 박명곤 **CEO** 박지성 **CFO** 김영은
기획편집1팀 채대광, 백환희, 이상지, 김진호
기획편집2팀 박일귀, 이은빈, 강민형, 박고은
기획편집3팀 이승미, 김윤아, 이지은
디자인팀 구경표, 유채민, 윤신혜, 권지혜
마케팅팀 임우열, 김은지, 전상미, 이호, 최고은

펴낸곳 (주)현대지성
출판등록 제406-2014-000124호
전화 070-7791-2136 **팩스** 0303-3444-2136
주소 서울시 강서구 마곡중앙6로 40, 장흥빌딩 10층
홈페이지 www.hdjisung.com **이메일** support@hdjisung.com
제작처 영신사

ⓒ 현대지성 2026

"Curious and Creative people make Inspiring Contents"
현대지성은 여러분의 의견 하나하나를 소중히 받고 있습니다.
원고 투고, 오탈자 제보, 제휴 제안은 support@hdjisung.com으로 보내주세요.

현대지성 홈페이지

이 책을 만든 사람들
기획·편집 김윤아 **디자인** 권지혜